KB183013

자유롭게 영어가 되는 **기적**을 경험하기를
명언으로 **하루**가 더욱 **풍성**해지기를 바랍니다.

영작
200

Mike Hwang
지음

Miklish*
.COM

머리말

영작이 어려웠던 이유

저는 학생 때 영작이 어려웠습니다. 영작한 뒤에도 맞게 했는지 알 수 없어서 불안하고 자신감이 없었습니다. 학교에서는 이미 만들어진 문장을 분석하거나 해석하는 것을 배우기에, 문장을 만들 수는 없었습니다.

하지만 영어를 전공하면서 기본 영작이 쉬워졌습니다. 영어는 '구조'로 '의미'를 전달합니다. 한국어는 단어의 순서에 상관 없이 말해도 의미가 전달되지만, 영어는 단어의 순서에 따라서 의미가 결정됩니다.

단어의 순서는 2가지 뿐입니다. 이것만으로 문장 구조의 95%, 영어 문법의 80%는 끝납니다. 바로 주어-동사-목적어 (3형식) / 주어-동사-보어 (2형식) 입니다. 다른 문장 구조는 이것의 변형일 뿐입니다. 이 구조에 얼마나 익숙하고, 많이 반복했는지에 영어 실력이 달려있습니다. 그래서 이 책에서는 주어는 붉은색, 동사는 노란색, 목적어와 보어는 초록색으로 표현했습니다.

쓰기가 되면 말하기도 된다?

말하기와 쓰기는 머리속에서 같은 과정을 거칩니다. 다만 쓰기가 말하기에 비해 느릴 뿐입니다. 그래서 쓰기로 개념을 잡으면 말하기는 시간 문제입니다.

게다가 말하기/듣기에 쓰이는 어휘는 한정적입니다. 원어민이 영어 말하기에서 사용하는 어휘의 89%는 1000단어, 94%가 3000단어뿐입니다. 그래서 기초 수준 이상의 영어회화를 넘어, 다양한 어휘와 문장 구조를 익히려면 쓰기/읽기 밖에 없습니다.

최고의 문장으로 익히는 영어작문

4천 개의 명언과 수백 권의 책에서 엄선한 240 문장으로 영어 작문을 배웁니다. 더 쉽게 영작할 수 있도록, 핵심 부분만 영작한 뒤에, 긴 문장을 영작하는 구성입니다. 무료강의(bit.ly/48f5qiw)와 각 문장의 원어민MP3 제공합니다. 또한, 인생의 방향까지 찾을 수 있도록 각장마다 명언과 관련된 이야기를 담았습니다. 240 문장 중에 좌우명 하나만 찾아도 책값의 50배 이상의 가치가 있습니다.

활용법

bit.ly/48f5qiw
어렵다면 무료강의!

문법과 어휘 이해

1 3형식 긍정문

action 행동	bring 가져온다	hand 손	have 가진다
ignore 무시하다	know 알다	mind 마음	no 아니오
one 한 개 한 사람	people 사람들	prosperity 풍요	purpose 목적
ridicule 비웃다	say 말하다	strong 강한	then 그리고 나서
weakness 약함	wealth 부유함	wish 소망	

Great minds have purposes.
Others have wishes.
누가 | 한다 | 무엇을

위대한 마음들은 목적을 갖고,
(그 외의) 다른 사람들은 소망을 가진다.

위스턴 어링

'주어-동사-목적어' 순서로 나열해 영어 문장을 만든다. 10문장 중 8문장은 이 구조이며, 문법 용어는 '3형식 문장'이다. 이 책에서는 쉽게 영작할 수 있도록 색깔로 구분했고, 용어를 쉽게 바꿔서 주어 대신 누가를, 일반동사 대신 한다를, 목적어 대신 무엇을 썼다.

누구나 '꿈'이 있다. 하지만 '왜' 그걸 이루고 싶은지는 잘 모른다. 그런데 목적이 없으면 쉽게 포기된다. 가족의 생계를 위해 일할지라도, 그 목적이 힘든 순간에 버틸 수 있게 해준다. 구체적인 목적이 위대한 사람을 만든다.

좌측 상단의 문법은 개념만 알면 됩니다. 무료강의를 참고해 주세요. 우측 상단의 어휘는 뜻을 모르는 단어만 표시하세요. 외울 필요는 없습니다. 영작하면서 자연스럽게 어휘는 외워집니다. 어휘를 많이 모른다면 QR코드로 1-2회 따라 말해봅니다.

구 단위에 문법 적용하기

● 누가-한다

1 게으른 손들은 굶주림을 만든다.
솔로몬 그러나 근면한 손들은 부유함을 가져온다.
잠언 10:4

Lazy hands make for **poverty**,
bring but diligent
hand wealth.

문법에서 핵심 부분만 영어 문장에 적용해 봅니다. 정답은 각 페이지의 하단에 있습니다. 문장 앞의 QR코드로 들어가면 그 문장의 원어민 음성을 들을 수 있습니다. 휴대폰 사진기로 QR코드를 비추면 접속할 수 있습니다.

문장 단위에 문법 적용하기

● 누가-한다-무엇을

1 게으른 손들은 굶주림을 만든다.
솔로몬 그러나 근면한 손들은 부유함을 가져온다.
잠언 10:4

Lazy hands make for **poverty**,
wealth but diligent
bring
hand

3문장은 앞서 구 단위에 나온 것과 같지만 영작을 하는 부분이 늘어납니다. 밑의 2문장은 새로운 문장입니다. 영작이 끝나면, 하단의 전체 문장 QR코드로 원어민 MP3를 틀어 놓고, 반복(2~5회)해서 따라 말해봅니다. 이후에는 왼쪽(한글)만 보고 노트에 문장 전체를 영작해봅니다. 이 단계가 어렵다면 생략하셔도 좋습니다.

차례

 기본 문장

bit.ly/48f5qiw
어렵다면 무료강의!

구와 절

응용 문장

빨강

주어

영어 문장의
맨 처음에 나오는
명사

~가를 붙인다.

노랑

본동사

주어
바로 다음에 나오는
동사

be동사는 **상태이다**로,
am/are/is/were/was/been
그 외의 동사는 **~한다**를 붙인다.
일반동사

초록

목적어

또는 보어

본동사 뒤에 나온 명사는 목적어
be동사 뒤에 나온 명사/형용사는 보어

목적어는 ~를을 붙인다.
보어는 ~인을 붙인다.

보라

그외

단원별 특정 용어를
지칭하기 위한 색깔

간접목적어, 목적보어, to부정사,
동명사, 현재분사, 과거분사,
전치사+명사, 접속사, 관용구 등

3형식 긍정문

Great minds have purposes,

Others have wishes.
    누가   한다   무엇을

'주어-동사-목적어' 순서의 단어로 영어 문장을 만든다. 10문장 중 8문장은 이 구조이며, 문법 용어는 '3형식 문장'이다. 이 책에서는 쉽게 영작할 수 있도록 색깔로 구분했고, 용어를 쉽게 바꿔서 주어 대신 '누가'를, 일반동사 대신 '한다'를, 목적어 대신에 '무엇을'을 썼다.

 누가 한다

1

솔로몬
잠언 10:4

게으른 손들은 **굶주림**을 만든다,

그러나 **근면한** 손들은 부유함을 가져온다.

2

워렌버핏

성공적인 사람들과

뛰어나게 성공적인 사람들 간의 차이는

정말 성공적인 사람들은 '아니오'를 말한다(거절한다)

거의 모든 것에.

3

아리스토
텔레스

모든 인간의 행동들은 (이유) 한 개를 가진다

또는 더 많은 이유들을 이 일곱 가지 중에서 가진다:

기회, 천성, **충동**, 습관, 이성, 열정, 그리고 욕망을.

정답1 hands bring **2** people say **3** actions have

action 행동 'ækʃən	**bring** 가져온다 brɪŋ	**hand** 손 hænd	**have** 가진다 hæv
ignore 무시하다 ɪgˈnɔːr	**know** 알다 noʊ	**mind** 마음 maɪnd	**no** 아니오 noʊ
one 한 개, 한 사람 wʌn	**people** 사람들 ˈpiːpəl	**prosperity** 풍요 prɒˈsperəti	**purpose** 목적 ˈpɜːrpəs
ridicule 비웃다 ˈrɪdɪkjuːl	**say** 말하다 seɪ	**strong** 강한 strɒŋ	**then** 그러고 나서 ðen
weakness 약점 ˈwiːknəs	**wealth** 부유함 welθ	**wish** 소망 wɪʃ	

위대한 마음들은 목적을 갖고,

(그 외의) **다른 사람들은 소망을 가진다.**

워싱턴
어빙

누구나 '꿈'이 있다. 하지만 '왜' 그걸 이루고 싶은지는 잘 모른다. 그런데 목적이 없으면 쉽게 포기한다. 가족의 생계를 위해 일할지라도, 그 목적이 힘든 순간에 버틸 수 있게 해준다. 구체적인 목적이 위대한 사람을 만든다.

---

bring
hand

Lazy hands make for **poverty**,

but **diligent** _____

wealth.

---

say
people

The difference between **successful** people and

really successful people is

that really successful _____

'No' to almost everything.

---

action

All human _____ one

or more of these seven causes:

chance, nature, **compulsion**, habit, reason, passion, and

desire.

1

솔로몬
잠언 10:4

게으른 손들은 **굶주림**을 만든다,

그러나 **근면한** 손들은 부유함을 가져온다.

2

워렌 버핏

성공적인 사람들과

뛰어나게 성공적인 사람들 간의 차이는

정말 성공적인 사람들은 '아니오'를 말한다(거절한다)

거의 모든 것에.

3

아리스토
텔레스

모든 인간의 행동들은 (이유) 한 개를 가진다

또는 더 많은 이유들을 이 일곱 가지 중에서 가진다:

기회, 천성, **충동**, 습관, 이성, 열정, 그리고 욕망을.

4

마하트마
간디

(새로운 진실을 주장하면) 처음에 그들은 당신을 무시한다,

그러고 나서 그들은 당신을 비웃는다,

그러고 나서, 그들은 당신과 싸운다, 그러고 나서 당신은 이긴다.

5

존 철튼
콜린스

풍요 속에서 우리의 친구들은 우리를 알게 된다;

역경 속에서, 우리는 우리의 친구들을 (얼마나 참된지) 알게 된다.

정답 1 hands bring wealth
2 people say 'no'
3 All human actions have one

Lazy hands make for **poverty**,

wealth
bring
hand

but **diligent** _____

_____ .

The difference between **successful** people and

say
people
no

really successful people is

that really successful _____

_____ to almost everything.

_____ 3 _____

action
one

or more of these seven causes:

chance, nature, **compulsion**, habit, reason, passion, and desire.

First, _____ ,

they
ignore
ridicule

then _____ ,

then they fight you, and then you win.

In **prosperity**, our friends know us;

know

in **adversity**, _____

_____ 2 _____ .

---

4 they ignore you / they ridicule you
5 we know our friends

전체듣기   느리게

2 3인칭 단수인 주어

 Your Butler has a butler.
누가   한다   무엇을
Yeah, that kind of rich.

누가(주어)가 **너**나 **나**가 아닌 **다른 사람 1명**일 경우(3인칭 단수), 한다(동사) 뒤에는 s가 붙는다(solve ⇒ solve**s**). 그리고 s와 비슷한 발음으로 끝나는 동사는 **es**가 붙는다(pass ⇒ pass**es**). 다만, have(가진다)는 **has**로, do(한다)는 **does**로 바뀐다.

 누가-한다s

6

돈이 돈을 낳는다.

존 레이

7

운(하늘)은 용기 있는 자에게 호의를 베푼다.

베르
길리우스

8

모든 성자는 한 과거를 가지고,

오스카
와일드

그리고 모든 죄인은 한 미래를 가진다.

정답 6 Money begets
7 Fortune favors
8 saint has / sinner has

avoid 피하다
ə'vɔɪd
everyone 모든 사람
'evriwʌn
own 자신의
oʊn
saint 성자
seɪnt
the brave 용감한 사람(들)
ðə breɪv

beget 자식을 낳다
bɪ'get
favor 호의(를 베풀다)
feɪvər
past 과거
pæst
sinner 죄인
'sɪnər

butler 집사
'bʌtlər
fortune 운
'fɔːrtʃun
person 사람
'pɜːrsən
solve 풀다
sɒlv
wise 지혜로운
waɪz

clever 똑똑한
'klevər
future 미래
'fjuːtʃər
problem 문제
'prɒbləm
style 스타일
staɪl

당신의 집사는 한 집사를 가진다.

그래, (당신은) 저럴 정도의 부자.

가정부들을 관리하는 책임자를 '집사'라고 한다. 집사A가 자신의 집에 집사B를 둘 정도면, 집사A가 일하는 집의 주인은 엄청난 부자일 것이다. 뉴욕 복권에 당첨되면 그만한 부자가 될 수 있다고 농담에 빗댄 광고이다.

---

money.

money
beget

---

the brave.

fortune
favor

Every _____ a past,

and every _____ a future.

saint
sinner

6

존 레이

돈이 돈을 낳는다.

7

베르
길리우스

운(하늘)은 용기 있는 자에게 호의를 베푼다.

8

오스카
와일드

모든 성자는 한 과거를 가지고,

그리고 모든 죄인은 한 미래를 가진다.

9

아인슈타인

한 똑똑한 사람은 문제를 풀고.

한 지혜로운 사람은 그것을 피한다.

10

오드리
햅번

왜 **바꾸는가?** 모든 사람은 그의 고유한 스타일을 가진다.

당신이 그것을 찾았을 때, 당신은 그것에 **붙어있어**야 한다.

---

20   **정답 6** Money begets money
          7 Fortune favors the brave
          8 Every saint has a past / every sinner has a future

beget

fortune
the brave
favor

2 .

saint
past
sinner
future

2   2   ,
and   2
2 .

clever
solve
wise
person
avoid

3
2 .
3
.

Why **change**?
everyone
own
style

3 .

When you have found it, you should **stick** to it.

전체듣기

느리게

9 A clever person solves a problem
/ A wise person avoids it
10 Everyone has his own style

3 3형식 긍정문의 과거

 Two men looked out from **prison** bars,
One saw the **mud**, **the other saw stars**.
누가   한다   무엇을

과거는 동사 뒤에 **ed를 붙여** 표현한다(last ⇒ last**ed**). e로 끝나는 동사는 d만 붙인다(like ⇒ like**d**). 쉬운 단어는 **다른 단어**로 바뀌는데(see ⇒ saw), 이와 관련된 불규칙 동사표와 학습 법 등은 여기(인터넷 창에 rb.gy/oepl4d 입력) 있다.

 누가 한다(과거)

11

나이키
운동화 광고

어제, 너는 내일 (한다고)을 말했다.

단지 (핑계 대지 말고) 그것을 해라.

12

수 햌펀

열정은 한 (사람)을 완전히 **현재**에 있게 유지했다.

그래서 시간은 한 **서로** 단절된 '지금들'의 연속이 된다.

13

캐시
래드맨

나의 부모님은 45년 동안에 오직 한 번의 (말)싸움을 가졌다.

그것(싸움)은 43년을 지속했다.

정답 11 you said
12 Passion kept
13 My parents / had / It lasted

argument (말)싸움	bar 막대기	electricity 전기	fear 두려워하다
'ɑ:rgjumənt	bɑ:r	ɪ,lekˈtrɪsəti	fɪər
keep 유지하다	last 지속하다	mud 진흙	one 한 사람, 한 물건
ki:p	læst	mʌd	wʌn
parents 부모님	passion 열정	plant 심다	prison 감옥
'perənts	'pæʃən	plænt	'prɪzən
said 말했다	saw 봤다	star 별	tomorrow 내일
sed	sɔː	stɑːr	təˈmɒroʊ
tree 나무			
triː			

두 사람이 **감옥** 창살 밖을 봤다,

한 사람은 그 **진흙**(바닥)을 봤고, 그 다른 사람은 별들을 봤다.

데일
카네기

감옥은 자신에게 힘든 환경을 뜻한다. 그것은 학교, 직장, 가정일 수 있다. 그런데 같은 환경에서도 어떤 사람은 견디지 못하는 반면, 다른 사람은 별(미래의 희망)을 보면서 현재를 더 즐겁게 이겨낸다.

Yesterday, _____ tomorrow.

said

Just do it.

_____ one fully in the

passion
keep

present,

so that time became a series of **mutually** exclusive 'nows.'

_____ 2 _____ only

parents
last

one argument in forty-five years.

_____ 43 years.

누가-한다(과거)-무엇을

11

나이키
운동화 광고

어제, 너는 내일(한다고)을 말했다.

단지 (핑계 대지 말고) 그것을 해라.

12

수 핼펀

열정은 하나(사람)를 완전히 **현재**에 있게 유지했다,

그래서 시간은 한 **서로** 단절된 '지금들'의 연속이 된다.

13

캐시
래드맨

나의 부모님은 45년 동안에 오직 한 번의 (말)싸움을 가졌다.

그것(싸움)은 43년을 지속했다.

14

빌 게이츠

사람들은 항상 변화를 **두려워한다**.

사람들은 전기가 발명됐을 때 전기를 두려워했다.

그러나 시간(이 지남)과 함께,

사람들은 그들의 실리콘(밸리) 전문가들을 **받아들이**러 올 것이다.

15

워렌 버핏

누군가 오늘날 **그늘**에 앉아 있다

누군가 오래전에 한 나무를 심었기 때문에.

정답11 you said tomorrow
12 Passion kept one
13 My parents / had one argument / It lasted 43 years

Yesterday, _____ .

said
tomorrow

Just do it.

---

passion
one
keep

fully in the **present**,

so that time became a series of **mutually** exclusive 'nows.'

---

parents
argument
last

_____ 2 _____ only _____

_____ 2 _____ in forty-five years.

_____ 2 _____ .

---

fear
electricity

People always **fear** change.

_____

when it was invented. But with time,

people will come to **accept** their silicon masters.

---

plant
tree

Someone's sitting in the **shade** today

because _____

_____ 2 _____ a long time ago.

전체듣기

느리게

14 People feared electricity
15 someone planted a tree

25

4 3형식 부정문

 Opportunity doesn't send letters of introduction.
누가　　　　　　한다　　　　　무엇을

현재의 부정문은 동사(send) 앞에 **don't**를 쓴다. **주어가 3인칭 단수**면(Opportunity)
doesn't를 쓴다. **과거의 부정문**은 동사 앞에 **didn't**를 쓴다. 참고로 누가(주어)나 무엇을
(목적어) 앞에 no를 쓰면 동사도 부정한 것처럼 해석된다.

 누가 하지 않는다

16

월터 밀러
주니어

리보위츠를
위한 찬송
(소설)

당신은 한 영혼을 가지지 않습니다, 의사 선생님.

당신(자체)이 한 **영혼**입니다.

당신은 임시로 한 육체를 가집니다.

17

파울로
코엘료

흐르는
강물처럼

모든 사람은 저것을 하기 위한 시간을 가진다.

그들은 단지 그 용기를 갖지 않을 뿐이다.

우리가 무엇을 하는지 생각하도록 일이 돕는다면, 일은 **축복**이다.

18

존 레논

그들은 내가 **자라서** 무엇이 되고 싶냐고 물었다.

나는 '행복'이라고 썼다. 그들은 내가

그 질문(과제)를 이해하지 못했다고 말했다,

그리고 나는 그들이 인생을 이해하지 못했다고 말했다.

16 You don't have / You have
17 Everyone has / they don't have
18 I didn't understand / they didn't understand

assignment 과제
ə'saınmənt
courage 용기
'kʌrıdʒ
life 인생, 생명
laıf
soul 영혼
soʊl
understand 이해한다
ˌʌndər'stænd

bee 벌
biː
everyone 모든 사람
'evriwʌn
no 아닌
noʊ
special 특별한
'speʃəl

body 육체
'bɒdi
introduction 소개
ˌıntrə'dʌkʃən
opportunity 기회
ˌɒpər'tuːnəti
talent 재능
'tælənt

busy 바쁜
'bızı
letter 편지
'letər
send 보내다
send
time 시간
taım

기회는 소개 편지를 보내지 않는다.

알 수
없음

기회의 뒷머리는 대머리여서 지나가면 잡을 수 없다고 한다. 누구나 3번은 큰 기회가 온다고 하는데 그것을 알아채고 잡을 수 있는 것은 이전에 얼마나 준비했냐에 달려있다.

_____ 2 _____ a soul, doctor.

You are a **soul**.

_____ a body, temporarily.

_____ _____ time to do that.

everyone It's **just** that _____ 2 _____

the courage. Work is a **blessing** when it helps us to think

about what we're doing.

They asked me what I wanted to be when I **grew up**.

understand I wrote down 'happy'. They told me _____

_____ 2 _____ the **assignment**,

and I told them _____ 2 _____ life.

16

월터 밀러
주니어

리보위츠를
위한 찬송

당신은 한 영혼을 가지지 않습니다, 의사 선생님.

당신(자체)이 한 **영혼**입니다.

당신은 임시로 한 육체를 가집니다.

17

파울로
코엘료

흐르는
강물처럼

모든 사람은 저것을 하기 위한 시간을 가진다.

그들은 **단지** 그 용기를 갖지 않을 뿐이다.

우리가 무엇을 하는지 생각하도록 일이 돕는다면, 일은 **축복**이다.

18

존 레논

그들은 내가 **자라서** 무엇이 되고 싶냐고 물었다.

나는 '행복'이라고 썼다. 그들은 내가

그 질문(과제)를 이해하지 못했다고 **말했다**, 그리고 나는

그들이 인생을 이해하지 못했다고 **말했다**.

19

아인슈타인

나는 특별한 재능들을 갖지 **않는다**.

나는 오직 열렬히 **호기심이 많을** 뿐이다.

---

20 ◆

윌리엄
블레이크

그 바쁜 벌은 **슬퍼할** 시간이 없음을 갖는다.

16 You don't have a soul / You have a body
17 Everyone has time / they don't have the courage
18 I didn't understand the assignment / they didn't understand life

soul
body

____ 2 ____ 2 ____,

doctor. You are a **soul**.

____ 2 ____,

temporarily.

---

everyone
time
courage

____ to do that.

It's **just** that ____ 2 ____

____ 2 ____. Work is a **blessing** when it

helps us to think about what we're doing.

---

understand
assignment
life

They asked me what I wanted to be when I **grew up**.

I wrote down 'happy'. They told me ____

____ 2 ____ 2 ____, and I told

them ____ 2 ____.

---

special
talent

____ no ____ 2 ____.

I'm only passionately **curious**.

---

busy
bee
time

____ 3 ____

____ 2 ____ for **sorrow**.

전체듣기

느리게

 **5** **2형식 문장**

 One sees well only with the **heart**.

The essential is invisible to the eyes.
　　누가　　　　상태이다　어떤

be동사는 누가-상태이다(be동사)-어떤 구조로 쓴다. 주어가 I는 am, 3인칭 단수(The essential)는 is, 복수나 you는 are를 쓴다. 과거는 주어가 단수면 was, 복수면 were를 쓴다. 부정문(아니라는 뜻의 문장)은 **be동사 바로 뒤에** not을 쓴다.

 누가-상태이다-어떤

21

무라카미
하루키

달리기를
말할 때
내가 하고
싶은 이야기

고통(의 아픔)은 필연적이다.

고통(으로 받아들이는 것)은 선택적이다.

22

워렌 버핏

정직은 한 아주 비싼 선물이다.

정직을 미천한 사람들로부터 **기대하지** 마라.

23

체스터
필드 경

충고는 **아주 드물게** 환영받는다.

21 Pain is / Suffering is
22 Honesty is
23 Advice is

adversity 역경
æd'vɜːrsətɪ
gift 선물
gɪft
place 장소
pleɪs

advice 충고
æd'vaɪs
home 집, 가정
hoʊm
poverty 굶주림
'pɑvərti

essential 가장 중요한
ɪ'senʃəl
honesty 정직
'ɑnəsti
very 아주
'veri

expensive 비싼
ɪk'spensɪv
invisible 보이지 않는
ɪn'vɪzəbəl
welcome 환영하는
'welkəm

한 사람은 오직 **마음**과 함께할 때만 잘 볼 수 있어.

그 가장 중요한 것은 눈에 보이지 않거든.

생텍쥐
베리

어린왕자

사람들은 중요한 것으로 사랑, 믿음, 소망, 명예, 건강, 가족, 돈을 꼽는다. 이것들 중에서 가족과 돈 외에는 보이지 않는 것들이다. 가족은 그 안의 사랑이 더 중요하고, 돈은 그 속에 담긴 노력이 더 중요하다고 보면, 세상에서 가장 중요한 것들은 보이지 않는 것들뿐이다.

inevitable.

optional.

pain
suffering

a very expensive gift.

Don't **expect** it from cheap people.

honesty

seldom welcome.

advice

 누가-상태이다-어떤

21

무라카미
하루키

달리기를
말할 때 내가
하고 싶은
이야기

고통(의 아픔)은 필연적이다.

고통(으로 받아들이는 것)은 선택적이다.

22

워렌 버핏

정직은 한 아주 비싼 선물이다.

그것(정직)을 **미천한** 사람들로부터 기대하지 마라.

23

체스터
필드 경

충고는

아주 드물게 환영받는다.

24

로이스
맥마스터
부욜

나의 집은 한 장소가 아니다,

(진짜 나의 집이라고 할 수 있는) 그것은 사람들이다.

25

이나모리
가즈오

왜 일하는가

굶주림과 역경은

나를 **훈련하기 위한** 신의 선물이다.

　21 Pain is inevitable / Suffering is optional
22 Honesty is a very expensive gift
23 Advice is / welcome

pain
inevitable
suffering
optional

honesty
very
expensive **Don't expect it from cheap people.**
gift

advice
welcome **seldom**

home
place

poverty
adversity
gift
God **to train me.**

 **현재진행**

A man is a genius

when **he is dreaming**.
누가 상태이다 어떤

일시적인 행동을 말하기 위해 be동사 뒤에 일반동사+ing를 써서 표현한다(dream+ing). 일반동사+ing 뒤에는 무엇을(목적어)이 나올 수 있다. 동사가 e로 끝나면, e를 빼고 ing를 붙인다(make ⇒ making)

 ~하는 중인

26

데일
카네기

(우리가) 사람들을 대할 때,

우리는 감정의 생물을 대하는 중이다,

편견에 **들썩거리고** 자만과 허영에 **자극받는** 생물들을 (대하는 중이다).

27

로건
피어설
스미스

젊은 사람이 **꾸미는** 것을 비웃지 마라.

그는 오직 시도하는 중이다

그가 가질만한 한 **얼굴**에서 다른 얼굴로.

28

닐 게이먼

이번에 오는 해에 나는 당신이 **실수**를 만들기를 소망한다.

왜냐하면 당신이 실수들을 만드는 중이라면;

당신은 뭔가를 하는 중이기 때문이다.

34   **26** dealing
        27 trying
        28 making / doing

deal with 대하다	**do** 한다	**dream** 꿈(을 꾸다)	**genius** 천재
di:l wið	du:	dri:m	ˈdʒi:niəs
IBM 컴퓨터 회사	**look for** 찾다	**look** 보다	**man** 남자, 사람
ˌai biː ˈem	lok fɔːr	lok	mæn
mistake 실수하다	**something** 어떤 것	**spend** 소비하다	**try** 시도하다
miˈsteik	ˈsʌmθiŋ	spend	trai

한 사람은 한 천재이다

그가 꿈꾸는 중일 때.

아키라
구로사와

영재들은 성인이 됐을 때, 주로 일반 사람보다 결과가 좋지 않다. 그런 걸 보면, 지능이나 특별한 재능 덕분에 성공하는 게 아니다. 자신의 꿈이 있고, 그 꿈을 위해 많은 실패에도 포기하지 않고 꾸준히 노력하는 게 결국 천재라고 불릴 만한 성과를 만들어 낸다.

---

deal

When dealing with people,

We are _____ with creatures of emotion,

creatures **bustling** with prejudices and **motivated** by pride

and vanity.

---

try

Don't laugh at a youth for his **affectation**s;

he is only _____

on one **face** after another to find his own.

---

make
do

I hope that in this year to come, you make **mistake**s.

Because if you are _____ mistakes,

you're _____ something.

26

데일
카네기

(우리가) 사람들을 대할 때,

우리는 감정의 생물을 대하는 것이나.

편견에 **들썩거리고** 자만과 허영에 **자극받는** 생물들을 대하는 것이다.

27

로건
피어설
스미스

젊은 사람이 **꾸미는** 것을 비웃지 마라.

그는 오직 시도하는 중이다

그가 가질만한 한 **얼굴**에서 다른 얼굴로.

28

닐게이먼

이번에 오는 해에 나는 당신이 **실수**를 만들기를 소망한다.

왜냐하면 당신이 실수들을 만드는 중이라면,

당신은 뭔가를 하는 중이기 때문이다.

29

스티브
잡스

혁신은 당신이 얼마나 많이 **연구개발**비를 가지는 지와는 상관없다.

IBM은 (애플보다) **적어도** 100배 이상을 연구개발에 소비하는 중이었

다. 그것(혁신)은 돈에 대한 것이 아니다.

그것은 당신이 가진 사람들과 관련된 것이다.

30

안나
프로이트

나는 스스로 항상 밖을 보는(찾는) 중이었다

힘과 **자신감**을 위해,

그러나 그것은 **내면**으로부터 오는 것이다.

그것은 항상 내면에 있었다.

36

26 We are dealing
27 he is / trying
28 you are making mistakes / you are doing something

deal

When dealing with people,

_____ _____ _____

with creatures of emotion, creatures **bustling** with prejudices

and **motivated** by pride and vanity.

try

Don't laugh at a youth for his **affectation**s;

_____ _____ only _____

on one **face** after another to find his own.

mistake
do
something

I hope that in this year to come, you make **mistake**s.

Because if _____ _____

_____ , _____

_____ .

spend

Innovation has nothing to do with how many **R&D** dollars

you have. _____ _____

at least 100 times more on R&D (than Apple). It's not about

money. It's about the people you have.

look

_____ always _____

outside myself for strength and **confidence**,

but it comes from **within**.

It is there all the time.

7 수동태

 Be yourself;

everyone else **is** already **taken**.
누가   상태이다   어떤

누가-한다-무엇을에서 **한다**의 위치에 쓰인 **동사+ed**는 **과거**를 의미하지만,

그 외의 동사+ed는 대부분 **수동(당해짐)을 의미**한다.

여기서는 특정 문장(누가-상태모습-어떤)에서 '어떤'의 위치에 쓰인 경우(수동태)만 본다.

 ~되어진

31

에반
에사르

대부분의 새로운 책들은 일년 **이내에** 잊혀진다,

특히 그 책들을 **빌린**(빌려서 보는) 사람들에 의해서.

32

존 러스킨

사람이 일하면서 행복**하기 위해**,

이 세 가지 것들이 필요되어진다:

그 일들은 (적성에) **맞아야** 하며, 너무 많이 그것을 하지 말아야 한다.

그리고 그 일을 하면서 해냈다는 **느낌**을 가져야 한다.

33

브라이언
트레이시

목표
그 성취의
기술

이 (수천 명의) 스스로-만든(자수성가한) 백만장자들은 거의 **만장일치**

로 동의했다/ 그들의 성공이 항상 그 **결과**로 만들어졌다고.

'그들에게 지불된 것보다 더 **하는 것**'으로.

---

31 forgotten
32 needed
33 paid

accepted 받아들여진
ək'septɪd
book 책
bʊk
connection 연결
kə'nekʃən
everyone 모든 사람
'evriwʌn
forgotten 잊혀진
fər'gɒtn
found 찾아진
faʊnd
given 주어진
'gɪvən
heart 마음, 심장
hɑːrt
idea 좋은 생각
aɪ'dɪə
needed 필요되어진
'niːdɪd
opposed 반대된
ə'pəʊzd
paid 지불된
peɪd
ridiculed 조롱당해진
'rɪdɪkjuːld
taken 가져가진
'teɪkən
thing (어떤) 것
θɪŋ

너 자신이 돼라;

오스카
와일드

그밖의 모든 사람들은 이미 가져가졌다.

현대는 경쟁 사회이다. 어려서부터 끊임 없이 남과 비교하고 비교 당한다. 그 과정에서 자신이 원하는 모습과 적성을 추구하기보다, 다른 사람들이 원하는 모습을 본인도 원하게 된다. 그러나 그 모습이 본인이 진정으로 행복할 수 있는 모습일까?

forget

Most new books are _____ **within** a year,

especially by those who **borrow** them.

In order that people may be happy in their work,

need

these three things are _____ :

They must be **fit** for it. They must not do too much of it.

And they must have a **sense** of success in it

pay

These self-made millionaires almost **unanimously** agreed

that their success was the **result** of always

'**doing** more than they were _____ for.'

31

에반
에사르

대부분의 새로운 책들은 일년 **이내에** 잊혀진다,

특히 그 책들을 **빌린**(빌려서 보는) 사람들에 의해서.

32

존 러스킨

사람이 일하면서 행복**하기 위해**,

이 세 가지 것들이 필요되어진다:

그 일들은 (적성에) **맞아야** 하며, 너무 많이 그것을 하지 말아야 한다.

그리고 그 일을 하면서 해냈다는 **느낌**을 가져야 한다.

33

브라이언
트레이시

목표
그 성취의
기술

이 (수천 명의) 스스로-만든(자수성가한) 백만장자들은 거의 **만장일치**

로 동의했다/ 그들의 성공이 항상 그 **결과**로 만들어졌다고.

'그들에게 지불된 **것**보다 더 **하는 것**'으로.

34

모토히데
하타나카

세상을 바꾸는 그 아이디어들은

신에 의해 주어진다.

더 나은 세상을 만들기 위한 그 아이디어들은

모든 곳에서 찾아진다.

35

쇼펜하우어

(모든 진실은) 처음에, 그것은 조롱 당한다.

두번째로, 그것은 **폭력적으로** 반대된다.

셋째로, 그것은 **자명**(누가 봐도 뻔히 옳은)**한** 것으로서 받아들여진다.

31 books are forgotten
32 these three things are needed
33 they were paid

Most new _____ _____ _____

book
forget

within a year, especially by those who **borrow** them.

In order that people may be happy in their work,

thing
need

_____ 3 _____ _____ :

They must be **fit** for it. They must not do too much of it.

And they must have a **sense** of success in it

These self-made millionaires almost **unanimously** agreed

pay

that their success was the **result** of always

'**doing** more than _____

for.'

_____ 2 _____ to change the world _____

idea
give
find

_____ by **God**;

_____ 2 _____ to make the **better** world

_____ **everywhere**.

First, _____ _____ .

ridicule
oppose
accept

Second, _____ **violently** _____ .

Third, _____ as

being **self-evident**.

전체듣기　　느리게

34 The ideas / are given / the ideas / are found　　41
35 it is ridiculed / it is / opposed / it is accepted

2형식을 쓰는 일반동사

 People with courage and character
누가
always **seem sinister** to the rest.
　　　상태이다　　　어떤

누가-상태이다-어떤 구조로 쓸 수 있는 일반동사로는 이런 것들이 있다.
지각(느끼는)동사: **look**, sound, taste, smell, **feel**, seem
과정이 더 느껴지는 동사: **become**, **get**, stay, grow, come, go 등

 ## 누가-상태이다(한다)-어떤

36

생텍쥐베리
어린왕자

사람들은 이 진실을 잊었어, 여우가 말했다.

그러나 너는 그것을 **잊지** 말아야 해.

너는 **영원히** 책임지게 돼,

네가 **길들인** 어떤 것을 위해.

37

로버트
하인라인

명확히-정의된 목표 없이는,

우리는 일상의 **사소한 일**을 하는데 이상하게 충실하게 **된다**

결국 우리가 그것(사소한 일)에 노예가 **될** 때까지.

38

피터
드러커

자기경영
노트

그런 직업들은 **흔하다**.

일반적으로 그것들은 문서에서는 **대단히** 논리적으로 보여진다.

그러나 그것들은 **채워질**(맡아질) 수 없다.

36 become
37 become / become
38 look

become 된다	**belief** 믿음	**character** 성격, 인격	**destiny** 운명
brʼkʌm	brʼliːf	ˈkærəktər	ˈdestəni
enslaved 노예가 된	**get** (없다가) 생기다	**logical** 논리적인	**look** 보인다, 보다
ɪnˈsleɪvd	get	ˈlɒdʒɪkəl	lʊk
loyal 충실한	**people** 사람들	**responsible** 책임있는	**seem** (~처럼) 보인다
ˈlɔɪəl	ˈpiːpl	rɪˈspɒnsəbəl	siːm
sinister 해로운	**thought** 생각	**tired** 피곤해진	**value** 가치
ˈsɪnɪstər	θɔːt	ˈtaɪərd	ˈvæljuː

용기와 인격이 있는 **사람들은**

항상 다른 나머지(사람들)에게 **해롭게 보인다.**

헤르만
헤세

윗사람이 잘못했을 때, 그것이 잘못됐다고 말할 수 있는 사람은 드물다. 그 말을 하면 윗사람뿐 아니라, 주변 사람들도 본인을 싫어할 수 있기 때문이다. 그래서 잘못된 걸 나서서 말하려면 용기와 인격이 필요하다.

become

Men have forgotten this truth, said the fox.

But you must not **forget** it.

You _____ responsible, **forever**,

for what you have **tamed**.

become

In the absence of **clearly-defined** goals,

we _____ strangely loyal to performing

daily **trivia**

until **ultimately** we _____ enslaved by it.

look

Such jobs are **common**.

They usually _____ **exceedingly** logical on

paper.

But they cannot be **filled**.

36
생텍쥐베리
어린왕자

사람들은 이 진실을 잊었어, 여우가 말했다.

그러나 너는 그것을 **잊지** 말아야 해.

너는 **영원히** 책임지게 돼,

네가 **길들인** 어떤 것을 위해.

37
로버트 하인라인

명확히-정의된 목표 없이는,

우리는 일상의 **사소한 일**을 하는데 이상하게 충실하게 된다.

결국 우리가 그것(사소한 일)에 노예가 될 때까지.

38
피터 드러커
자기경영 노트

그런 직업들은 **흔하다.**

일반적으로 그것들은 문서에서는 **대단히** 논리적으로 보여진다.

그러나 그것들은 **채워질**(맡아질) 수 없다.

39
마하트마 간디

당신의 믿음들은 당신의 생각들이 된다.

당신의 생각은 당신의 말이 된다. 당신의 말은 당신의

행동이 된다. 당신의 행동은 당신의 습관이 된다. 당신의 습관은

당신의 **가치**가 된다. 당신의 가치들은 당신의 운명이 된다.

40
데일 카네기
자기관리론

우리는 드물게 피곤이 생긴다

우리가 어떤 재미있고 **흥미진진한** 것을 할 때.

36 You become responsible
37 we become / loyal / we become enslaved
38 They / look / logical

Men have forgotten this truth, said the fox.

responsible
become

But you must not **forget** it.

_____ ,

forever, for what you have **tamed**.

In the absence of **clearly-defined** goals,

become
loyal
enslaved

_____ strangely _____

to performing daily **trivia**

until **ultimately** _____ _____ by it.

Such jobs are **common**.

logical
look

_____ usually _____ **exceedingly**

_____ on paper.

But they cannot be **filled**.

belief
thought
value
destiny

_____ 2 _____ 2 _____ .

Your thoughts become your words. Your words become your

actions. Your actions become your habits. Your habits become

your **value**s. _____ 2 _____ 2 _____ .

get
tired

_____ rarely _____

when we are doing something interesting and **exciting**.

전체듣기

느리게

39 Your beliefs become your thoughts
/ Your values become your destiny
40 We / get tired

45

9 5형식 기본문장

 Yesterday is **history**, tomorrow is a **mystery**,

today is a gift of **God**,

which is **why we call it the present**.

누가   한다 무엇이   어떻게

누가-한다-무엇이-어떻게의 구조로

'무엇을'을 '어떻게(형용사나 명사)'가 설명하는 구조가 5형식 문장이다.

이 구조로 쓸 수 있는 동사(한다)는 **make**, **call**, find, keep 등이 있다.

 ## 무엇이-어떻게

41

닐 게이먼
샌드맨 9권

사랑은 **끔찍하지** 않나요?

그것은 당신을 아주 상처받기 쉽게 만듭니다.

그것은 당신의 **가슴**을 열고 마음을 열고 그리고 그것은 누군가가 당신

안에 들어와서 **엉망으로 만드**는 것을 의미합니다.

42

지그
지글러

정상에서
만납시다

빈약한 자아상 때문에, 남자나 여자나 **노출이 심한** 옷을 자주 입는다

그리고 도발적인 **태도**로 누군가 또는 누구든 잡으려고 한다.

어부들은 이것을 낚시질이라고 부른다.

43

그루초
막스

나는 텔레비전이 아주 교육적임을 찾아낸다.

누군가 텔레비전을 **켤** 때마다,

나는 다른 방으로 들어가 책을 읽는다.

41 you / vulnerable
42 this trolling
43 television / educating

anger 화
'æŋgər
fisherman 어부
'fɪʃərmən
poor 초라한
puər
trolling 낚시질
'troʊlɪŋ
witty 기지 넘치는
'wɪti

call 부르다
kɔːl
history 역사
'hɪstəri
present 선물, 현재
'prezənt
vulnerable 상처받기 쉬운
'vʌlnərəbl

educating 교육적인
'edʒukeɪtɪŋ
keep 유지하다
kiːp
stronger 더 강한
'strɔːŋgər

find 찾다
faɪnd
mystery 신비로움
'mɪstəri
television 텔레비전
'telɪvɪʒən
whatever 무엇이든
wɒt'evər

어제는 (지나간) **역사**이고, 내일은 (알 수 없는) **신비로운 것**이고, 오늘은 **신**의 선물이다.

그것이 우리가 그것(오늘)을 그 현재라고 부르는 **이유**이다.

프레
드리히
니체

present는 '현재'라는 뜻도 있고, '선물'이라는 뜻도 있다. 애니메이션 쿵푸팬더에서 사부가 써서 더 유명해진 명언이다. '시간'의 값은 얼마일까? 진시황은 수명을 늘리려고 애를 썼지만 늘릴 수 없었다. 어찌보면 '시간'은 신께서 모든 사람에게 주신 선물이다.

Horrible isn't love?

vulnerable

It makes _____ so _____.

It opens your **chest** and it opens up your heart and it means

that someone can get inside you and **mess** you **up**.

With the **poor** self-image, he or she often dresses in a **revealing**

trolling

and provocative **manner** to "catch" someone or anyone.

Fishermen call _____.

I find _____ very _____.

television
educating

Every time somebody **turns on** the set,

I go into the other room and read a book.

41

닐 게이먼
샌드맨 9권

사랑은 **끔찍하지** 않나요?

그것은 당신을 아주 상처받기 쉽게 만듭니다.

그것은 당신의 **가슴**을 열고 마음을 열고 그리고 그것은 누군가가 당신

안에 들어와서 **엉망으로 만드**는 것을 의미합니다.

42

지그
지글러

정상에서
만납시다

빈약한 자아상 때문에, 남자나 여자나 **노출이 심한** 옷을 자주 입는다

그리고 도발적인 **태도**로 누군가 또는 누구든 잡으려고 한다.

어부들은 이것을 낚시질이라고 부른다.

43

그루초
막스

나는 텔레비전이 아주 교육적임을 찾아낸다.

누군가 텔레비전을 **켤** 때마다,

나는 다른 방으로 들어가 책을 읽는다.

44

엘리자베스
1세

화는 둔한 사람(남자)들을 기지 넘치게 만든다,

그러나 그것은 그들을 초라하게 유지한다.

45

프레드리히
니체

나를 **파괴하지** 못하는 것은 무엇이든

나를 더 강하게 만든다.

41 It makes you / vulnerable
42 Fishermen call this trolling
43 I find television / educating

Horrible isn't love?

vulnerable _____ so _____ .

It opens your **chest** and it opens up your heart and it means

that someone can get inside you and **mess** you **up**.

With the **poor** self-image, he or she often dresses in a **revealing**

fishermen and provocative **manner** to "catch" someone or anyone.

trolling

_____

_____ .

_____ very _____ .

find   Every time somebody **turns on** the set,

television

educating I go into the other room and read a book.

_____ dull _____ ,

anger   but _____ .

witty

keep

poor

_____ does not **destroy**

whatever me _____ .

stronger

10 ◆ 5형식 사역동사

 It makes your house look bigger.
누가　한다　　　　무엇이　　　어떻게

시키는 의미를 가진 동사 중에서 have, let, make를 **사역동사**라고 한다.
이 경우 누가-한다-무엇이-어떻게에서 어떻게로 **동사원형**을 쓴다.
주제문에서 '어떻게' 자리에 looked나 looking은 쓸 수 없고, look만 써야 한다.

 무엇이-어떻게

46

프랭크
로이드
라이트

진심으로 믿고 있는 것은 **항상** 발생한다.

그리고 어떤 것에 대한 믿음은 그것이 발생하게 만든다.

47

마크
트웨인

당신의 야망을 **하찮게** 만드는 사람들을 멀리하라.

작은 사람들은 항상 저렇게 한다.

그러나 진짜 대단한 그 사람들은 당신이 저것을 느끼게 만든다/

당신**도** 대단하게 될 수 있다고.

48

아네트
시몬스

스토리텔링

당신이 이야기를 말할 **때** ― (당신은) (허락)해라/

당신의 의식적인 생각이 그것 모두를 잊도록.

그리고 오직 청중과 당신의 이야기에만 **집중하라**.

당신의 이야기 능력이 **향상될** 것이다.

50　**46** it happen
　　47 you feel
　　48 your conscious mind forget

anything 어떤 것 ˈenɪθɪŋ	**bag** 가방 bæg	**belief** 믿음 bɪˈliːf	**bigger** 더 크게 ˈbɪɡər
conscious 의식하는 ˈkɒnʃəs	**feel** 느끼다 fiːl	**forget** 잊다 fərˈɡet	**happen** 발생하다, ˈhæpən
house 집 haʊs	**laugh** 웃다 læf	**let** 허락하다 let	**look** 보이다 lʊk
memory 추억 ˈmeməri	**mind** 생각, 마음 maɪnd	**the great** 대단한 사람들 ðə ɡreɪt	
travel 여행 ˈtrævəl	**woman** 여인 ˈwʊmən		

그것(소형차)은 당신의 집을 더 크게 보이게 만든다.

폭스바겐
자동차
광고

작은 서민차를 주로 만드는 폭스바겐의 1964년 광고이다. 큰 집을 갖고 싶지만 못 사는 사람들을 겨냥해서, 집 옆에 작은 차를 두면 집이 더 커 보인다는 유머가 돋보인다.

---

happen

The thing **always** happens that you really believe in;

and the belief in a thing makes _____ .

---

feel

Keep away from those who try to **belittle** your ambitions.

Small people always do that,

but the really great make _____ _____

that you, **too**, can become great.

---

conscious
mind
forget

When you are telling your story — (You) let

_____ 3 _____ it all,

and **focus** only on your listener and your story.

Your storytelling ability will have **improved**.

46

프랭크
로이드
라이트

진심으로 믿고 있는 것은 **항상** 발생한다.

그리고 어떤 것에 대한 믿음은 그것이 발생하게 만든다.

47

마크
트웨인

당신의 야망을 **하찮게** 만드는 사람들을 멀리하라.

작은 사람들은 항상 저렇게 한다.

그러나 진짜 대단한 그 사람들은 당신이 **저것을** 느끼게 만든다/

당신도 대단하게 될 수 있다고.

48

아네트
시몬스

스토리텔링

당신이 이야기를 말**할 때** — (당신은) (허락)해라/

당신의 의식적인 생각이 **그것** 모두를 잊도록.

그리고 오직 청중과 당신의 이야기에만 **집중하라**.

당신의 이야기 능력이 **향상될** 것이다.

49

솔제니친

휴대할 수 있는 것**만** 소지하라;

언어를 알고, 나라들을 알고, 사람들을 알아라. (당신은)

당신의 추억이 당신의 **여행** 가방이 되도록 해라.

50

마릴린
먼로

당신이 한 여인을 웃게 만들 수 있다면,

당신은 그녀가 **어떤** 것이든 하도록 만들 수 있다

46 belief / makes it happen
47 the really great / make you feel
48 (You) let / your conscious mind forget

The thing **always** happens that you really believe in;

and the _____ in a thing

_____ _____.

Keep away from those who try to **belittle** your ambitions.

Small people always do that,

but _____ 3 _____

_____ that you, **too**, can become great.

When you are telling your story — (_____) _____

_____ 3 _____ _____ it all,

and **focus** only on your listener and your story.

Your storytelling ability will have **improved**.

Own **only** what you can carry with you;

know **language**, know countries, know people. (_____)

_____ 2 _____

your **travel** bag.

If _____ can _____ 2 _____

_____ ,

_____ can _____

_____ anything.

 **4형식**

 Never **give up** work.

Work gives you meaning and purpose
누가　　　　한다　누구에게　　　　　　무엇을
and life is **empty** without it.

주는 의미의 동사 중 쉬운 뜻을 가진 일부(give, show, tell, send 등)는

누가-한다-누구에게-무엇을의 구조로 쓸 수 있다.

종종 누구에게나 무엇을 빼고 쓰기도 한다.

 ## 누구에게-무엇을

51

밥 뉴하트

웃음은 우리에게 거리를 준다(거리를 두게 한다).

그것은 우리가 한 문제로부터 **물러서게** 하고,

그것을 해결한 뒤 **계속 나아가게** 한다.

52

벤자민
프랭클린

우리의 **비평가**들은 우리의 친구들이다;

그들은 우리에게 우리의 잘못들을 보여준다(보여주기 때문이다).

53

이외수
청춘불패

신은 사람들에게 오직 하나의 문제를 줬다.

당신이 그 문제를 **푼다면**, 당신은 행복하게 살 수 있다.

그것은 '무엇을 그리고 어떻게 당신이 사랑**해야 하는가?**'이다.

54　　**51** us distance
　　　52 us our faults
　　　53 people / one question

distance 거리
'dɪstəns
friend 친구
frend
good 좋은
gʊd
question 질문
'kwestʃən
work 일(하다)
wɜːrk

empty 비어있는
'empti
gave 줬다
geɪv
laughter 웃음
'læftər
show 보여주다
ʃoʊ

face 얼굴
feɪs
give up 포기하다
gɪv ʌp
meaning 의미
'miːnɪŋ
tell 말하다
tel

fault 잘못
fɔːlt
God 신
ɡɑd
nature 자연
'neɪtʃər
twenty 20의
'twenti

절대 일을 **포기하지** 마라.
스티븐
호킹

일은 당신에게 의미와 목적을 준다

그리고 삶은 일 없이는 **공허하다.**

공부든 일이든, 하고 있을 때는 그만두고 싶지만, 막상 그만두면 삶이 무기력해진다. 돈이 아무리 많아도 놀고 쉬기만 하면 삶이 재미가 없다. 일만큼 뿌듯함과 보람을 주지 않기 때문이다.

---

distance

Laughter gives _____ .

It allows us to **step back** from an event,

deal with it and then **move on.**

---

fault

Our **critic**s are our friends;

they show _____ 2 _____ .

---

question

God gave _____ only _____ 2 _____ .

If you **solve** the question, you can live happily.

It's 'what and how **should** you love?'

51

밥 뉴하트

웃음은 우리에게 거리를 준다(거리를 두게 한다).

그것은 우리가 한 문제로부터 **물러서게** 하고,

그것을 해결한 뒤 **계속 나아가게** 한다.

52

벤자민
프랭클린

우리의 **비평가들**은 우리의 친구들이다;

그들은 우리에게 우리의 잘못들을 보여준다(보여주기 때문이다).

53

이외수

청춘불패

신은 사람들에게 오직 하나의 문제를 줬다.

당신이 그 문제를 **푼다면**, 당신은 행복하게 살 수 있다.

그것은 '무엇을 그리고 어떻게 당신이 사랑**해야 하는가?**'이다.

54

아서
브리즈번

한 좋은 친구는 당신에게 말할 수 있다/

일 분 내에 무엇이 당신의 **문제**인지를.

말하고 난 뒤에는 그는 그렇게 좋은 친구가 아니게 **보일**것 같다.

55

코코 샤넬

자연은 당신에게 20살 때의 그 얼굴을 준다.

하지만 50살 때의 얼굴에 가치를 결정하는 것은 당신에게 **달려있다**.

51 Laughter gives us distance
52 they show us our faults
53 God gave people / one question

laughter
distance

_____ . It allows us to **step back** from an event,

deal with it and then **move on**.

show
fault

Our **critics** are our friends;

_____

2 .

God
question
gave

_____

only 2 .

If you **solve** the question, you can live happily.

It's 'what and how **should** you love?'

good
friend
tell

3 can

_____ is the **matter** with you in a minute.

He may not **seem** such a good friend after telling.

nature
face

2 you have at twenty;

it is **up to** you to merit the face you have at fifty.

전체듣기

느리게

조동사 will, can, may

 No one can make you feel inferior
누가　　　　한다　　　무엇이 어떻게
without your consent.

조동사는 동사를 꾸며서 구체적으로 설명하며, **will은 의지**(~할 것이다),
can은 가능성(~할 수 있다), **may는 55%**(아마도 ~할 것 같다)를 의미한다.
구조는 누가-조동사+한다-(무엇을) / 누가-조동사+be-어떤이다.

will/can/may+한다

56

약한 사람들은 절대 용서할 수 없다.

마하트마
간디

용서는 강한 사람들의 **특성**이다.

57

당신은 오직 **한 번만** 젊을 수 있다.

데이브
베리

그러나 당신은 항상(영원히) **철없을** 수 있다.

58

어둠은 어둠을 몰아낼 수 없다:

마틴
루터 킹 Jr.

오직 **빛**이 저것을 할 수 있다.

A Testament
of Hope

증오는 증오를 **몰아낼** 수 없다:

오직 사랑만 저것을 할 수 있다.

56 can / forgive
57 can / be / can / be
58 can't drive out / can do

calculate 계산하다 ˈkælkjuleɪt	**catch** 붙잡다 kætʃ	**darkness** 어둠 ˈdɑːrknəs	**delay** 시간을 끌다 dɪˈleɪ
drive out 몰아내다 draɪv aʊt	**everyone** 모든 사람 ˈevriwʌn	**feel** 느끼다 fiːl	**forgive** 용서하다 fərˈɡɪv
immature 미성숙한 ɪˈmætʃər	**inferior** 열등한 ɪnˈfɪəriər	**love** 사랑 lʌv	**one** 한 사람, 한 물건 wʌn
the weak 약한 사람들 ðə wiːk		**time** 시간 taɪm	**weak** 약한 wiːk
word 단어 wɜːrd	**words** 말, 단어들 wɜːrdz	**young** 젊은 jʌŋ	

누구도 당신이 **열등하게** 느끼도록 만들 수 없다/

당신의 **동의** 없이는.

엘리너
루스벨트

This is
My Story

잔치에 손님을 초대했는데, 손님들이 음식을 먹지 않으면 어떻게 될까? 주인이 먹게 될 것이다(부처님 말씀). 마찬가지로 누가 욕을 하면, 그 욕을 어떻게 느낄지는 듣는 사람에게 달려있다. 별 반응이 없으면 욕한 사람 기분만 나쁠 것이다.

---

forgive
can

The weak ＿＿＿＿＿ never ＿＿＿＿＿.

Forgiveness is the **attribute** of the strong.

---

be

You ＿＿＿＿ only ＿＿＿＿ young **once**.

But you ＿＿＿ always ＿＿＿ **immature**.

---

drive out
do

Darkness ＿＿＿ 3 ＿＿＿ darkness:

only **light** can do that.

Hate can't **drive out** hate:

only love ＿＿＿ 2 ＿＿＿ that.

단단 기초영어 20 | 중학영어 독해비급 12 | 생활영어 회화천사 2-36~41 관련 단원   59

누가-will/can/may+한다-무엇을

56

마하트마
간디

약한 사람들은

절대 용서할 수 없다.

용서는 강한 사람들의 **특성**이다.

57

데이브
베리

당신은 오직 **한 번만** 젊을 수 있다.

그러나 당신은 항상(영원히) 철없을 수 있다.

58

마틴
루터 킹 Jr.

A Testament
of Hope

어둠은 어둠을 몰아낼 수 없다:

오직 **빛**이 저것을 할 수 있다.

증오는 증오를 **몰아낼** 수 없다:

오직 사랑만 저것을 할 수 있다.

59

아들라이
스티븐슨 Jr.

모든 사람의 (마음을) 잡기 위해 **계산된** 말들은

아마도 어떤 누구의 마음도 붙잡지 **못할** 것 같다.

60

벤자민
프랭클린

당신이 혹시 시간을 끌어도,

시간은 (시간을 끌지) 않을 것이다.

56 The weak can never forgive
57 You can always be young / you can / be immature
58 Darkness can't drive out darkness / love can do that

the weak
forgive
never

      2

      3 .

Forgiveness is the **attribute** of the strong.

---

young
immature

only

once.

But   3

.

---

darkness
drive out

3

: only **light** can do that.

Hate can't **drive out** hate:

only   2 .

---

words
catch
one

calculated to catch everyone

2   no .

---

delay
time

2 ,

but   2 .

전체듣기

느리게

13 **조동사 must, have to, shall**

 You have to step on,
　　　　누가　　　　한다
abuse and take advantage of **others** in order to
get to the top. In reality, just the **opposite** is true.
　　　　　　　　　　　　　　　무엇을

must는 꼭 해야 하는 '**의무**'를 말한다. 뜻은 '(꼭) ~해야만 한다',
have to 는 해야 할 **이유가 있을 때** 쓴다. 뜻은 '~해야 할 이유가 있다',
shall은 must보다 강한 어감으로, 왕의 **명령**이나 **예언**을 할 때 쓴다. 뜻은 '~해라'.

must/have to/shall+한다

61
벤자민
프랭클린

행복해지는 두 가지 방법이 있다:

우리는 우리의 원하는 것들을 줄여야만 하거나

우리의 (행복해지는) **수단**을 늘려야 한다.

당신이 현명하다면, 그 두 가지를 **동시에** 할 것이다.

62
마호메트
코란

누구든 한 좋은 **행동**을 하면

10배만큼 많이 가지게 된다;

그러나 누구든 나쁜 행동을 하면,

그것과 같은 **보상**을 가지게 된다.

63
니콜라스
스파크스

The Last
Song

때때로, 당신이 사랑하는 사람들로부터

당신은 떨어져야 할 이유가 있다,

그러나 저것이 당신으로 하여금 그들을 **덜** 사랑하게 만드는 것은 아니다.

때때로, 당신은 그들을 **더 많이** 사랑한다.

61 must diminish
62 shall have
63 have to be

apart 떨어진
əˈpɑːrt
man 사람, 남자
mæn
step on 짓밟다
step ɒn
work 일(하다)
wɜːrk

abuse 괴롭히다
əˈbjuːs
never 절대~하지 않는다
ˈnevər
take advantage 이용하다
teɪk ədˈvæntɪdʒ

code 원칙
koʊd

diminish 줄이다
dɪˈmɪnɪʃ
opposite 반대
ˈɒpəzɪt
want 원하다
wɒnt

당신은 (다른 사람들을) 짓밟아야 할 이유가 있고,

꼭대기에 가기 위해서 다른 사람들을 **괴롭혀야** 하고 이용해야 한

다. 실제로는, 정확히 그 **반대**가 진실이다.

지그
지글러

정상에서
만납시다

도심에는 식당들이 한 곳에 모여 있다. 그런데 주변 식당들이 다 망하고 하나만 남으면 장
사가 잘 되지 않는다. 이후에 손님들은 아예 그곳에 가지 않기 때문이다. 겉보기에는 짓밟
고 올라가는 사람이 승자 같지만, 실제로는 남에게 베풀고 공존하는 사람이 승자이다.

---

diminish
must

Here are two ways of being happy:

We _____ 2 _____ our wants or

increase our **means**.

If you are wise, you will do both **simultaneously**.

---

shall

Whoever does a good **deed**

_____ 2 _____ ten times as much;

but he, whoever does an evil deed,

shall have only a like **reward**.

---

have to

Sometimes, you

_____ 3 _____ apart from people you love,

but that doesn't make you love them any **less**.

Sometimes, you love them **more**.

61

벤자민
프랭클린

행복해지는 두 가지 방법이 있다:

우리는 우리의 원하는 것들을 (꼭) 줄여야만 하거나

우리의 (행복해지는) **수단**을 늘려야 한다.

당신이 현명하다면, 그 두 가지를 **동시에** 할 것이다.

62

마호메트
코란

누구든 한 좋은 **행동**을 하면

10배만큼 **많이** 가지게 된다;

그러나 누구든 나쁜 행동을 하면,

그것과 같은 **보상**을 가지게 된다.

63

니콜라스
스파크스

The Last
Song

때때로, 당신이 사랑하는 사람들로부터 당신은

떨어져야 할 이유가 있다,

그러나 저것이 당신으로 하여금 그들을 **덜** 사랑하게 만드는 것은 아니다.

때때로, 당신은 그들을 **더 많이** 사랑한다.

64

존 웨인

한 사람은 한 원칙을 가져야 할 이유가 있다,

(그것은) **따라서** 살아갈 삶의 방향이다.

65

공자

당신이 사랑하는 직업을 **골라라**,

그러면 당신은 (일이라고 생각하지 않기에) 인생에서 절대 단 하루도

일해야 하지 않을 것이다.

61 We must diminish our wants
62 Whoever / shall have ten times
63 you have to be apart

Here are two ways of being happy:

_____ 2

_____ 2 _____ or increase our **means**.

If you are wise, you will do both **simultaneously**.

_____ does a good **deed**

2 _____ 2 _____ as much;

but he, whoever does an evil deed,

shall have only a like **reward**.

Sometimes, _____

_____ 3 _____ from people you love,

but that doesn't make you love them any **less**.

Sometimes, you love them **more**.

_____ 2 _____ 3 _____

_____ 2 _____,

a way of life to **live by**.

Choose a job you love,

and _____ 5 _____

_____ in your life.

전체듣기

느리게

 **과거 조동사**

 I went into a **McDonald's** yesterday and said,

'**I would like some fries**.' The girl at the **counter**
누가   한다   무엇을
said, 'Would you like some fries with that?'

조동사의 과거는 주로 **현재나 미래를 약하게 표현**할 때 쓴다.

would는 약한 의지, '~하려고 한다', could는 약한 가능성, '~할 수도 있다',

should는 약한 명령, '(내 생각에는) ~해야 한다', might는 20%, '~할지도 모른다'.

would/should+한다

66

박경철

주식투자란
무엇인가 2

그가 진정한 **투자가**라면, 분명히 그는 주식투자로 부자일 것이다.

그래서 그는 절대 증권사를 위해 일하려 하지 않을 것이다.

67

마릴린
먼로

그들은 내가 어떤 사람인지 알아내려고 **신경 쓰지** 않았다.

대신에 그들은 나를 위해 한 인물을 **지어냈다**.

나는 그들과 논쟁하려고 하지 않는다.

그들은 **분명히** 내가 아닌 누군가를 사랑하고 있었다.

68

임태승

미학과
창의경영

심지어 그 기술도, 기능도, 그리고 디자인도

(내 생각에는) 이야기가 입혀져야 한다.

66 would never work
67 wouldn't argue (=would not argue)
68 should be

argue 논쟁하다 'ɑːrgjuː	book 책 bok	counter 계산대 'kaʊntər	covered 덮혀진 'kʌvərd
find 찾다 faɪnd	fries 감자튀김(french fries) fraɪz		great 훌륭한 greɪt
mate 짝 meɪt	never 절대 ~하지 않는다 'nevər		partner 동반자 'pɑːrtnər
read 읽혀진 red	some 약간의 sʌm	suitable 어울리는 'suːtəbəl	technology 기술 tek'nɒlədʒɪ
work 일하다 wɜːrk	would like ~하고 싶다 wʊd laɪk		

나는 어제 **맥도날드**에 가서 말했다,

제이
레노

'나는 약간의 감자튀김을 먹고 싶습니다.' **계산대**에 있는 아가씨는

말했다, '저것(감자튀김)과 함께 감자튀김도 함께 드실 것인가요?'

맥도날드에서 햄버거를 시키면 '감자튀김(세트)도 시킬 것이냐?'고 묻는다. 고객이 하나를
수락했을 때, 바로 다른 하나를 제안하면 더 쉽게 수락하기 때문이다. 비록 종업원은 시켜
서 하지만, 수백 번 말하면 습관이 돼서 저런 일도 벌어진다.

---

never
work
would

If he is a real **investor**, he must be a rich investing in stocks.

So he _____ 3 _____ for a stock

firm.

---

argue

They didn't **bother** to find out who and what I was.

Instead they would **invent** a character for me.

I _____ 2(3) _____ with them.

They were **obviously** loving somebody I wasn't.

---

should

Even the technology, function, and design

_____ 2 _____ covered with stories.

66

박경철

주식투자란
무엇인가 2

그가 진정한 **투자가**라면, 분명히 그는 주식투자로 부자일 것이다.

그래서 그는 절대 증권사를 위해 일하려 하지 않을 것이다.

67

마릴린
먼로

그들은 내가 어떤 사람인지 알아내려고 **신경 쓰지** 않았다.

대신에 그들은 나를 위해 한 인물을 **지어냈다**.

나는 그들과 논쟁하려고 하지 않는다.

그들은 **분명히** 내가 아닌 누군가를 사랑하고 있었다.

68

임태승

미학과
창의경영

심지어 그 기술도, 기능도, 그리고 디자인도

(내 생각에는) 이야기가 입혀져야 한다.

69

로버트슨
데이비스

(내 생각에는) 정말 훌륭한 책은 젊을 때 읽혀져야 하고,

다시 **성인**일 때 (읽혀지고), 늙었을 때 한 번 더 읽혀져야 한다,

마치 **좋은** 빌딩이 아침 햇살에 비춰졌을 때,

정오에, 달빛에도 보여져야 하는 것처럼 말이다.

70

J. R. R.
톨킨

동반자(부부)들은 둘 다 더 어울리는 짝들이 찾아질지도 모른다.

그러나 진정한 **영혼의 짝**은 당신이 실제로 결혼한 사람이다.

66 he would never work
67 I wouldn't argue
68 the technology / should be covered

If he is a real **investor**, he must be a rich investing in stocks.

never
work

So _____ 3 _____

for a stock firm.

---

argue

They didn't **bother** to find out who and what I was.

Instead they would **invent** a character for me.

_____ 2(3) _____ with them.

They were **obviously** loving somebody I wasn't.

---

technology
covered

Even _____ 2 _____, function, and design

_____ 2 _____

with stories.

---

great
book
read

A truly _____ 2 _____ _____ 2 _____

_____ in youth, again in **maturity** and once more

in old age, as a **fine** building should be seen by morning light,

at noon and by moonlight.

---

partner
suitable
mate
find

Both _____ 2 _____

_____ more _____ 2 _____ .

But the real **soul-mate** is the one you are actually married to.

전체듣기

느리게

69 great book should be read
70 partners might be found / suitable mates

69

15 현재완료

 I have not failed.

I have just **found 10,000 ways** that won't **work**.
누가 　　한다　　　　　　　무엇을

과거의 일이지만, **과거보다 그 일을 한 현재에 관심이 있을 때** have+과거분사를 쓴다. 주제문에서는 find 대신 have found(과거분사)를 썼다. 직역은 '**과거에 발견해서, 현재 발견한 상태다**'이다. 참고로 과거분사 앞에 have가 없으면 대부분 '수동'의 의미이다(2월 4주).

 ## have+한다

71

조지프
캠벨

우리는 기꺼이 그 삶을 **벗어나야** 한다,

우리가 계획했던 (그 삶을)

우리를 기다리고 있는 삶을 가지**기 위해**.

72

로버트
프로스트

가지않은길

숲에서 두 길이 **갈라졌다**,

그리고 나는 — 나는 (사람들이) 덜 여행한 길을 가져갔다(선택했다),

그리고 저것이 모든 차이를 만들어냈다.

73

팀 버튼

고딕의
영상시인

나는 절대 한 개의 목표를 가지는 데만 **집착하지** 않았다,

그리고 (한 개의 목표만) 가진 사람들을 알기에,

그것이 **정확히** 당신을 실패로 가게 하는 길임을 알 수 있다.

71 have planned
72 has made
73 have / had

advisable 바람직한	**difference** 차이	**fail** 실패하다	**found** 찾았다
ədˈvaɪzəbəl	ˈdɪfərəns	feɪl	faʊnd
goal 목표	**had** 가졌다	**just** 단지	**made** 만들었다
goʊl	hæd	dʒʌst	meɪd
plan 계획(하다)	**receive** 받다	**way** 방법	**work** 일하다, 작동하다
plæn	rɪˈsiːv	weɪ	wɜːrk

나는 실패하지 않았다.   토마스
                                                                                                          에디슨
나는 단지 **작동되지** 않는 10,000 가지 방법을 발견했다.

실패가 반복될 수록 좌절도 커져서 다시 시도할 의지를 잃는다. 그러나 실패가 두렵다면
아무것도 시도할 수 없다. 그리고 좋게 생각하면 실패하며 겪은 고생 덕분에, 스스로 더 단
단해질 수 있고, 이후의 성공이 더 값진 게 아닐까?

We must be willing to **get rid of** the life,

plan   we _____ 2 _____ ,

so as to have the life that is waiting for us.

Two roads **diverged** in a wood,

make   and I — I took the one less traveled by,

and that _____ 2 _____

all the difference.

I _____ never _____ one goal,

have   I was **obsessed** with, and having known people who have,

I can see it's **just** a way to set yourself up for failure.

71

조지프
캠벨

우리는 기꺼이 그 삶을 **벗어나야** 한다,

우리가 계획했던 (그 삶을)

우리를 기다리고 있는 삶을 가지**기 위해**.

72

로버트
프로스트

가지
않은 길

숲에서 두 길이 **갈라졌다**,

그리고 나는 — 나는 (사람들이) 덜 여행한 길을 가져갔다(선택했다),

그리고 저것이 모든 차이를 만들어냈다.

73

팀 버튼
고딕의
영상 시인

나는 절대 한 개의 목표를 가지는 데만

집착하지 않았다, 그리고 (한 개의 목표만) 가진

사람들을 알기에, 그것이 **정확히** 당신을 실패로 가게 하는 길임을 알

수 있다.

74

캘빈
쿨리지

나는 너무 많은 관심을 갖지 않는 게 **바람직하다는** 것을 찾아냈다/

그 사람들이 말하는 것에 (관심을 갖지 않는 것을)

내가 뭔가 중요한 일을 **이루려고** 할 때.

예외 없이 그들은 그것이 (성공)될 수 없다고 **주장한다**.

75

예수님
마가복음
11:24

네가 **기도**에서 무엇을 구하든,

그것을 네가 (이미) 받은 줄로 **믿으라**,

그러면 그것이 너의 것이 될 것이다.

71 we have planned
72 that has made / all the difference
73 I have / had one goal

plan

We must be willing to **get rid of** the life,

_____ 2 _____ ,

so as to have the life that is waiting for us.

difference
make

Two roads **diverged** in a wood,

and I — I took the one less traveled by,

and _____ 2 _____

_____ 3 _____ .

goal
have

_____ never _____

_____ 2 _____ , I was **obsessed** with, and having

known people who have, I can see it's **just** a way to set

yourself up for failure.

find
advisable

_____ 2 _____

_____ **advisable** not to give too much heed to what

people say when I'm trying to **accomplish** something of

consequence. Invariably they **proclaim** it can't be done.

receive

Whatever you ask for in **prayer**,

believe that _____ 2 _____

_____ , and it will be yours.

명사로 쓴 to부정사

 God doesn't require us to succeed;
누가　　　　　한다　　　누구에게　　~하는 것을
he **only** requires that you try.

to+동사원형은 위치에 따라 의미가 다르다.

무엇을 자리에서 명사(~하는 것, 주제문: 성공하는 것)로 가장 많이(70% 이상) 쓰이는데,

이 단원에서는 명사 자리(누가, 무엇을)에서 **~하는 것**을 의미하는 경우만 나온다.

 to부정사 (~하는 것)

76

조지 S.
클레이슨

바빌론
부자들의
돈버는 지혜

먼저 당신은 당신이 벌 수 있는 것보다 **더 적게** 쓰며 사는 것을 배웠다.

다음으로, 당신은 조언을 찾는 것을 배웠다.

그리고, **마지막으로**, 금이 당신을 위해 일하도록 만드는 법을 배웠다.

77

매리 허쉬

유머는 **고무** 칼이다.

그것은 당신이 요점을 만드는 것을 허락한다

피를 보는 것 없이

78

데이브
모이러

훌륭한 **결혼**은 '완벽한 두 사람'이 함께할 때가 아니다.

그것은 한 불완전한 두 사람이

그들의 **다른 점**을 즐기는 것을 배울 때이다

76 to live / to seek
77 to make
78 to enjoy

conservative 보수주의자		couple 둘, 두 사람	enjoy 즐기다
kənˈsɜːrvətɪv		ˈkʌpəl	ɪnˈdʒɔɪ
God 신	heartless 무정한	humor 유머	idiocy 어리석음
gɒd	ˈhɑːrtləs	ˈhjuːmər	ˈɪdiəsi
imperfect 불완전한	learn 배우다	liberal 진보주의자	live 살다
ɪmˈpɜːrfəkt	lɜːrn	ˈlɪbərəl	lɪv
perplexed 혼란스러워진		possess 소유하다	require 요구하다
pərˈplekst		pəˈzes	rɪˈkwaɪər
rubber 고무	seek 찾다, 추구하다	succeed 성공하다	sword 칼
ˈrʌbər	siːk	səkˈsiːd	sɔːrd

신께서는 우리가 성공하는 것을 요구하시지 않는다;

그는 **오직** 당신이 시도하기를 원하신다.

테레사
수녀

아무리 잘나고 많은 노력을 쏟아도, 어떤 일을 성공하게 만들 수는 없다. 사람은 다만 노력할 따름이다. 어떤 일이 성공하는 것은 신께서 주변 환경과 아이디어, 시기 등을 도와주셔야 가능하다고 나는 믿는다. 내가 할 일은 오직 시도하고 또 시도하는 것뿐이다.

---

live
seek

You first learned _____2_____ upon **less** than

you could earn.

Next, you learned _____2_____ advice.

And, **lastly**, you have learned to make gold work for you.

---

make

Humor is a **rubber** sword.

It allows you _____2_____ a point

without drawing **blood**.

---

enjoy

A great **marriage** is not when the 'perfect couple' comes

together. It is when an imperfect couple

learns _____2_____ their **difference**s.

76

조지 S.
클레이슨

**바빌론
부자들의
돈버는 지혜**

먼저 당신은 당신이 벌 수 있는 것보다 **더 적게** 쓰며 사는 것을 배웠다.

다음으로, 당신은 조언을 찾는 것을 배웠다.

그리고, **마지막으로**, 금이 당신을 위해 일하도록 만드는 법을 배웠다.

77

매리 허쉬

유머는 **고무** 칼이다.

그것은 당신이 요점을 만드는 것을 허락한다

피를 보는 것 없이

78

데이브
모이러

훌륭한 **결혼**은 '완벽한 두 사람'이 함께할 때가 아니다.

그것은 한 불완전한 두 사람이

그들의 **다른 점**을 즐기는 것을 배울 **때이다**

79

윈스턴
처칠

20살에 한 보수주의자가 되는 것은

무정한 것이다

그리고 60살에 한 자유주의자인 것은

분명히 어리석은 것이다.

80

노자

적게 갖는 것은

소유하는 것이다.

많이 갖는 것은

혼란스럽게 되는 것이다.

76 You / learned to live / you learned to seek
77 It allows you **to make**
78 an imperfect couple learns to enjoy

_____ first _____ 2 _____ upon

less than you could earn. Next, _____

_____ 2 _____ advice.

And, **lastly**, you have learned to make gold work for you.

live
learn
seek

Humor is a **rubber** sword.

allow

_____ 2 _____ a point

without drawing **blood**.

A great **marriage** is not when the 'perfect couple' comes

together.

It is when _____ 3 _____

_____ 2 _____ their **differences**.

imperfect
couple
enjoy
learn

_____ 4 _____ at 20

and _____ 4 _____ at 60

plain _____ .

conservative
heartless
liberal
idiocy

_____ 2 _____ little

_____ 2 _____ .

_____ 2 _____ plenty

_____ 3 _____ .

have
possess
perplexed

전체듣기

느리게

79 To be a conservative / is heartless
/ to be a liberal / is / idiocy
80 To have / is to possess / To have / is to be perplexed

79

17 부사로 쓴 to부정사

 To be honored, (you) **keep the rules.** To be rich,
~하기 위해   누가   한다   무엇을

give a **charity.** To have **moral** influence, live truth-

fully first. To get good friends, (you) give a favor.

to+동사원형은 위치에 따라 의미가 다르다.

명사 자리가 아닌 곳에서는 대부분 ~하기 위해를 의미한다.

 to부정사 (~하기 위해)

81

**피터
드러커**

**자기경영
노트**

반대 의견은 상상력을 자극하기 위해 필요되어진다.

우리가 그 '꼭지'를 돌리지 않으면, 상상력은 **흐르지** 않을 것이다.

그 꼭지가 **논의되고** 다듬어진 반대 의견이다.

82

앨리스

**브랜딩
불변의 법칙**

한 브랜딩 계획은 당신의 상품을

다르게 하기 위해 고안되어져야 한다/

목장의 다른 모든 **소 떼**로부터,

심지어 **농장**의 다른 모든 소들이 아주 많이 똑같이 보일지라도.

83

밥 말리

(당신이 사랑하는) 모든 사람은 당신을 아프게 하기 위해 가는 중이다

(당연히 아프게 할 것이다).

당신은 단지 아픔을 겪을 **가치가 있는** 사람들을 찾아야 한다.

81 to stimulate
82 to differentiate
83 to hurt

alive 살아있는 branding 이름을 기억하게 하는 것 broken 부서진
design 고안하다 desire 열망하다 differentiate 다르게 하다
disagreement 반대 의견, 의견 충돌 everyone 모든사람 favor 호의
get 얻다, 생기다 honored 명예로워진 hurt 아프게 하다 needed 필요되어진
one 한 사람, 한 물건 program 계획, 일정 rule 규칙 stimulate 자극하다

명예롭게 되기 위해, (너는) 그 규칙들을 지켜라. 부자가 되기 위해, 부처님
아함경

자선을 주어라(베풀어라). **도덕적**으로 영향력을 갖기 위해, 먼저

진실하게 살아라. 좋은 친구들을 얻기 위해, 호의를 주어라

'베푼 만큼 사라지는 게 아니라, 베푼 것 이상으로 돌아온다'는 말은 성경뿐 아니라, 불경과 코란에도 담겨있다. 수많은 부자들, 인생과 관련된 책들에서도 똑같이 말한다. 증명할 수 는 없지만, 그 말이 사실인지 아닌지 시험해 보는 것은 어떨까?

---

stimulate

Disagreement is needed _____ 2 _____

the imagination.

Unless we turn the 'tap,' imagination will not **flow**.

The tap is **argued**, disciplined disagreement.

---

differentiate

A branding program should be designed

_____ 2 _____ your product

from all the other **cattle** on the range,

even if all the other cattle on the **range** look pretty much alike.

---

hurt

Everyone is going _____ 2 _____ you.

You just got to find the ones **worth** suffering for.

단단 기초영어 17 | 중학영어 독해비급 22 | 생활영어 회화천사 1-46 | 고등영어 독해비급 7 관련 단원   81

81

피터
드러커

자기경영
노트

반대 의견은 상상력을

자극하기 위해 필요되어진다.

우리가 그 '꼭지'를 돌리지 않으면, 상상력은 **흐르지** 않을 것이다.

그 꼭지가 **논의되고** 다듬어진 반대 의견이다.

82

알 리스

브랜딩
불변의 법칙

한 브랜딩 계획은 당신의 상품을 다르게 하기 위해 고안되어져야 한다

목장의 다른 모든 **소 떼**로부터.

심지어 **농장**의 다른 모든 소들이 아주 많이 똑같이 보일지라도.

83

밥 말리

(당신이 사랑하는) 모든 사람은 당신을

아프게 하기 위해 가는 중이다 (당연히 아프게 할 것이다).

당신은 단지 아픔을 겪을 **가치가 있는** 사람들을 찾아야 한다.

84

오스카
와일드

그 마음은

부서지기 위해 만들어졌다.

85

마가렛
딜란드

하나(사람)는 살아있기 위해 어떤 것을 (꼭) 열망해야만 한다.

---

81 Disagreement is needed to stimulate
82 A branding program should be designed to differentiate
83 Everyone is going to hurt

disagreement
needed
stimulate

_____
_____ 2 _____ the imagination.

Unless we turn the 'tap,' imagination will not **flow**.

The tap is **argued**, disciplined disagreement.

---

branding
program
differentiate
design

_____ 3 _____   _____ 2 _____

_____ 2 _____ your product

from all the other **cattle** on the range, even if all the other

cattle on the **range** look pretty much alike.

---

everyone
hurt

_____   _____
_____ 2 _____ you.

You just got to find the ones **worth** suffering for.

---

heart
broken
made

_____ 2 _____

_____   _____ 3 _____ .

---

one
alive
something
desire

_____ 2 _____

_____   _____ 3 _____ .

 **동명사**

 Smoking reduces weight.
누가   한다   무엇을
(one **lung** at a time)

동사+ing도 위치에 따라 의미가 다르다.

명사자리(누가, 무엇을, 전치사 다음)에서는 **~하는 것**을 의미한다.

보어자리(누가-상태이다-어떤에서 어떤)에서는 명사가 되기도, 형용사가 되기도 한다.

 동사+ing (~하는 것)

86
댄 와일

배우자를 선택하는 것은

문제 **더미**와 함께 선택하는 것을 의미한다.

87
아인슈타인

삶은 한 자전거 타는 것과 같다.

균형을 유지하기 위해서,

당신은 (계속) 움직여야만 한다.

88
간다
마사노리

큰돈버는기
회는 모두가
어렵다고할
때찾아온다

성공하기 위한 몇 가지 방법이 있다. 그러나 내가 **감히** 말**한다면**,

가장 빠르게 **성공할** 수 있는 방법은 오직 한가지이다.

그것은 당신의 현재하고 있는 일에서 **가치**를 찾는 것이다.

86 Choosing
87 riding
88 finding

bicycle 자전거	**choosing** 선택	**exchange** 교환하다	**find** 찾다
'baɪsɪkəl	'tʃuːzɪŋ	ɪks'tʃeɪndʒ	faɪnd
life 삶	**lung** 폐	**mean** 의미하다	**reduce** 줄이다
laɪf	lʌn	miːn	rɪ'djuːs
rich 부자(인)	**riding** 타는 것	**saving** 저축, 절약	**sell** 팔다
rɪtʃ	'raɪdɪŋ	'seɪvɪŋ	sel
smoking 흡연	**spouse** 배우자	**weight** (몸)무게	
'smookɪŋ	spaʊs	weɪt	

담배 피는 것은 (몸)무게를 줄인다.

(한 번에 한 ▥를 없애서)

암환자
지원 협회
(CPAA)

금연 광고

담배에 대한 낭설 중 하나는 '살 빼는 데에 좋다'는 것이다. 이미 사람들에게 퍼진 낭설을 새로운 시각으로 응용했다. 살이 빠져서가 아니라 폐암으로 폐 하나를 없애서 몸무게를 줄인다는 표현이 인상적이다.

---

choose

_____ a spouse

means choosing with a **pile** of troubles.

---

ride

Life is like _____ a bicycle.

To keep your **balance**,

you must keep moving.

---

find

There're some ways to succeed. But I **dare to** say,

the fastest way to **succeed** is only one way.

It is _____ **value**s in your present work.

누가/무엇을/어떤(보어)에 동사+ing

86 한 배우자를 선택하는 것은

댄 와일   문제 **더미**와 함께 선택하는 것을 의미한다.

87 삶은

아인슈타인   한 자전거 타는 것과 같다.

균형을 유지하기 위해서,

당신은 (계속) 움직여야만 한다.

88 성공하기 위한 몇 가지 방법이 있다. 그러나 내가 **감히** 말한다면,

간다
마사노리   가장 빠르게 **성공할** 수 있는 방법은 오직 한가지이다.

큰돈버는기
회는 모두가   그것은 당신의 현재하고 있는 일에서 **가치**를 찾는 것이다.
어렵다고 할
때 찾아온다

89 당신의 하루를 돈과 교환하는 것은

혼다 켄   당신의 **생명(삶)**의 부분을 파는 것을 의미한다.

부와
행복의
법칙

90 저축이 당신을 부자로 만든다,

보도
섀퍼

보도
섀퍼의 돈   당신의 **수입**이 아니라.

86 Choosing a spouse means choosing
87 Life is / riding a bicycle
88 It is finding

spouse
choose
mean

3

with a **pile** of troubles.

life
bicycle
ride

like 3 .

To keep your **balance**,

you must keep moving.

find

There're some ways to succeed. But I **dare to** say,

the fastest way to **succeed** is only one way.

values in your present work.

exchange
sell
mean

3 with money

your part of **life**

saving
rich

,

not your **income**.

전체듣기   느리게

분사구문

 Do **you want to spend** the **rest** of your life,

누가　　한다　　무엇을

selling sugared water

~하면서

or do you want a chance to **change** the world?

동사+ing는 명사나 형용사 자리가 아닌 곳에서는 부사로 사용되며, **~하면서**로 해석한다.
문법 용어는 '분사구문'으로 주로 문장이 끝나고 콤마(,)와 함께 동사+ing가 나온다.

동사+ing (~하면서)

91

괴짜들에게 친절해라.

찰스 J.
사이크스

당신은 그들을 위해 일하면서 끝낼지도(결국 그렇게 될지도) 모른다.

우리 애들
바보 만들기

우리 모두 그럴 **수도** 있다.

92

우리는 돈을 벌면서 우리 스스로를 **병들게** 만든다.

파울로
코엘료

그리고 나서 (몸이) 잘 되는데 우리의 모든 돈을 **소비한다**.

흐르는
강물처럼

우리는 미래에 대해 아주 많은 걱정을 하므로 현재를 **등한시한다**.

93

심판의 날은 사람들의 **죄** 때문에 오는 것이 아니다.

예수님(?)

나는 심판의 날(이 오리라는 것)을 알면서 이 세상을 만들었다.

예수를
만난 소년

91 working
92 earning
93 knowing

amount 양 əˈmaont	business 사업 ˈbɪznəs	cafe 카페 kæˈfeɪ	come out 나오다 kʌm aʊt
cup 컵 kʌp	drink 마시다 deɪ	earn (돈을) 벌다 drɪŋk	end up 결국 ~하게 되다
ill 아픈, 병든 ɪl	made 만들었다 meɪd	ourselves 우리 자신을 aːrˈselvz	rest 휴식, 나머지 rest
sell 팔다 sel	spend 소비하다 spend	start 시작하다 staːrt	sugared 설탕 넣어진 ˈʃʊɡərd
this 이, 이것 ðɪs			

당신(펩시콜라 사장)은 **남은** 인생을 소비하길 원합니까,   스티브
                                                        잡스

설탕 넣은 물을 팔면서

아니면 세상을 **바꾸는** 기회를 원합니까?

스티브 잡스가 당대 최고의 마케터인 펩시 사장 존 스컬리를 고용하려고 한 말이다. 이미 펩시에서 많은 돈을 벌었기에, 돈으로 설득하기는 어려웠을 것이다. 콜라를 파는 것보다 애플 컴퓨터에서 일하는 게 세상에 의미있는 일이라고 설득해서 고용할 수 있었다.

---

work

Be nice to **nerd**s.

You may end up,

_____ for them.

We all **could**.

---

earn

We make ourselves **ill** _____ money,

and then **spend** all our money on getting well again.

We think so much about the future that we **neglect** the present.

---

know

The day of **judgment** comes not because of people's **sin**s.

I made this world, _____ the day of

judgment.

누가-한다-무엇을, 동사+ing

91

찰스 J.
사이크스

우리 애들
바보 만들기

괴짜들에게 친절해라.

당신은 그들을 위해 일하면서 끝낼지도(결국 그렇게 될지도) 모른다.

우리 모두 그럴 **수도** 있다.

92

파울로
코엘료

흐르는
강물처럼

우리는 돈을 벌면서 우리 스스로를 병들게 만든다.

그러고 나서 (몸이) 잘 되는데 우리의 모든 돈을 **소비한다**.

우리는 미래에 대해 아주 많은 걱정을 하므로 현재를 **등한시한다**.

93

예수님(?)

예수를
만난 소년

심판의 날은 사람들의 **죄** 때문에 오는 것이 아니다.

나는 심판의 날(이 오리라는 것)을 알면서 이 세상을 만들었다.

94

배기홍

스타트업
바이블

(내 생각에는) 당신은 **일생동안** 할 그 양의 일을 3~5년간 해야 한다

한 사업을 시작하면서.

95

간다
마사노리

기업
최강의전략

전략은 회의실에서 나오지 않는다.

그것은 카페에서 **차** 한 잔을 마시면서 나온다.

91 You may end / working
92 We make ourselves / earning
93 I made this world knowing

Be nice to **nerd**s.

_____ 2 _____ up,

_____ for them.

We all **could**.

_____ ill,

_____ money,

and then **spend** all our money on getting well again.

We think so much about the future that we **neglect** the present.

The day of **judgment** comes not because of people's **sins**.

_____ 2 _____ ,

_____ the day of judgment.

_____ 2 _____ 2 _____

of **lifetime** work for 3~5 years,

_____ 3 _____ .

Strategy doesn't come out in a meeting room.

_____ 2 _____ ,

_____ 3 _____ of **tea** in a cafe.

20 전치사: at, on, in

 A **pessimist** sees the difficulty in every opportunity;

an optimist sees the opportunity
누가　　　한다　　무엇을
in every difficulty.
전치사+명사

한국어는 '~에서'로 쓰지만, 영어에서는 더 구체적으로 말해야 한다 at은 '~의 지점에서',
on은 '~에 접촉해서', in은 '~의 (둘러싸인) 안에서'를 의미한다. at, on, in 등을 전치사라고
하며, 바로 뒤의 명사와 한 덩어리로 앞의 동사를 설명한다.

at/on/in+명사

96 　경험은 느리게 가르친다/

　실수들의 그 비용(대가)에서.

97 　그 미래는 항상 너무 **빠르게** 온다/

　그 잘못된 순서 **안에서.**

98 　그 미련한 사람은 행복을 그 먼 곳 **안에서** 찾고,

　지혜로운 사람은 그의 발밑에서 그것(행복)을 키운다.

96 at the cost
97 in the wrong order
98 in the distance

cost 비용
ㅋɒst
every 모든
'evri
fun 재미(있는)
fʌn
opportunity 기회
ˌɒpər'tuːnəti
pessimist 비관론자
'pesimist

did 했다
dıd
experience 경험
ık'spıərıəns
future 미래
'fjuːtʃər
optimist 낙천주의자
'ɒptımıst
seek 찾다, 추구하다
siːk

difficulty 어려움
'dıfıkəlti
failure 실패
'feıljər
life 인생
laıf
order 순서
'ɔːrdər
success 성공
sək'ses

distance 먼 곳, 거리
'dıstəns
foolish 미련한
'fuːlıʃ
man 사람, 남자
mæn
pass 지나가다
pæs
wrong 잘못된
rɒŋ

비관론자는 모든 기회 속에서 어려움을 보고;

낙천주의자는 모든 어려움 속에서 그 기회를 본다.

윈스턴
처칠

부자들의 가장 큰 성격적 특징은 '낙천주의'이다. '낙천주의'는 '행복'과 '성공'으로 이어진
다. 예상되는 결과에서 10 중 9가 기회일 때, 한 가지 안 좋은 면만 자꾸 보면 절대 실행할
수 없다. 반대로 9가지가 '안' 좋아도, 1가지 기회를 크게 본다면 실행할 수 있다.

Experience teaches slowly

cost
at
_____ 3 _____ of mistakes.

The future always comes too **fast**

wrong
order
_____ 4 _____

The foolish man **seeks** happiness

distance
_____ 3 _____ ,

the **wise** grows it under his feet.

96

경험은 느리게 가르친다/

제임스A 프
루드

그 실수의 비용(대가)에서.

97

그 미래는 항상 너무 **빠르게** 온다/

엘빈
토플러

그 잘못된 순서 **안에서.**

98

그 미련한 사람은 행복을 그 먼 곳 **안에서** 찾고,

제임스
오펜하임

지혜로운 사람은 그의 발밑에서 그것(행복)을 키운다.

99

당신은 항상

미키
루니

실패를 지나간(경험한)다/

성공으로 가는 그 길 **위에서.**

100

나는 내 인생 **안에서** 절대 **하루의 일도** 하지 않았다.

토마스
에디슨

그것은 모두 재미있었(기 때문이)다.

96 Experience teaches / at the cost
97 The future / comes / in the wrong order
98 The foolish man seeks happiness in the distance

slowly

experience
teach
cost

————— 3 ————— of mistakes.

————— 2 ————— always ————— too **fast**

future
come
wrong
order

————— 4 —————.

————— 3 —————

foolish
man
distance
seek

————— 3 —————,

the **wise** grows it under his feet.

————— always

failure
pass
way

————— 3 ————— to success.

————— 2 ————— a day's work

life
work

————— 3 —————.

It was all fun.

---

21 to, for, about, between

 The easiest way for your children to learn
누가   전치사+명사
about money is for you not to have **any**.
상태이다   어떤

to는 움직임의 도달을 의미하며 '~로', '~에게', from은 움직임이 시작한 곳을 의미하며 '~로부터', for는 마음의 방향의 나타내며 뜻은 '~을 위해', about은 주변을 의미하며 '~에 관해', between은 '~(두 개)의 사이에서'를 의미한다.

 to/for/about/between+명사

101 승리는 그 인내심이 가장 강한 사람에게 속한(가지게 된)다.

나폴레옹

102 외딴 골짜기에 핀 하얀 **백합**은,

미츠오
아이다   **설명할** 필요가 없다/ 그 자신을 누구에게도;

그것은 단지 아름다움을 위해 산다.

그러나 사람들은 '단지(그 모습 그대로)'를 **받아들일** 수 없다.

103 상처받은 마음을 가졌다는 것은 좋은 **신호**다,

엘리자베스
길버트   그것은 우리가 어떤 것을 위해 시도(노력)했다는 것을 의미한다.

먹고
기도하고
사랑하라

101 to the most persevering
102 to anyone / for beauty
103 for something

anyone 누군가 'eniwʌn
bulk (큰) 양 bʌlk
good 좋은 gʊd
live 살다 lɪv
something 어떤 것 'sʌmθɪŋ

bad 나쁜 bæd
children 아이들 'tʃɪldrən
great 대단한 greɪt
mankind 인류 mæn'kaɪnd
try 시도하다 traɪ

beauty 아름다움 'bjuːti
experience 경험 ɪk'spɪəriəns
judgment 판단 'dʒʌdʒmənt
money 돈 'mʌni
victory 승리 'vɪktəri

belong ~에 속하다 bɪ'lɔːŋ
freedom 자유 'friːdəm
lie 누워있다, 놓여있다 laɪ
persevering 인내심 강한 pər'səvɪrɪŋ

당신의 **아이들이**(을 위해) 가장 쉽게 **돈에** 대해 배우는 **방법은** 당신에게서(당신이) **어떤 것**(돈)도 가지지 않는 것이다.

캐서린
화이트혼

부모가 돈이 없어서 고생하는 모습을 자식이 보거나, 자식이 필요한 게 있어도 부모가 줄 수 없다면, 자식은 돈이 얼마나 중요한지 알게 된다. 취업하기 전에 자식이 부모에게 돈을 받은 만큼, 이후에 돈을 더 적게 번다고 하기에, 부모의 가난은 자식에게 좋을 수도 있다.

Victory belongs _____ 4 _____.

persevering
most

The white **lily**, blooming unseen in the valley,

anyone
beauty

does not need to **explain** itself _____ 2 _____ ;

It lives merely _____ 2 _____ .

Men, however, cannot **accept** that 'merely'.

This is a good **sign**, having a broken heart.

something   It means we have tried _____ 2 _____ .

누가-한다-(무엇을)-to/for/about/between+명사

101
나폴레옹

승리는

그 인내심이 가장 강한 사람에게 속한(가지게 된)다.

102
미츠오
아이다

외딴 골짜기에 핀 하얀 백합은,

설명할 필요가 없다/ 그 자신을 누구에게도;

그것은 단지 아름다움을 위해 산다.

그러나 사람들은 '단지(그 모습 그대로)'를 받아들일 수 없다.

103
엘리자베스
길버트

먹고
기도하고
사랑하라

상처받은 마음을 가졌다는 것은 좋은 신호다,

그것은 우리가 어떤 것을 위해 시도(노력)했다는 것을 의미한다.

104
조지 오웰

1984

인류를 위해 선택이 놓여있다

자유와 행복 사이(둘 중)에

그리고 대단한 양(대부분의) 인류에게는,

(자유보다) 행복이 더 낫다.

105
배리
르패트너

좋은 판단은 경험으로부터 온다,

그리고 경험은 나쁜 판단으로부터 온다.

98   **101** Victory belongs to the most persevering
102 to anyone / It lives / for beauty
103 we / tried for something

victory
most
persevering
belong

_____

_____ 4 _____ .

The white **lily**, blooming unseen in the valley,

anyone
beauty
live

does not need to **explain** itself _____ 2 _____ ;

_____ merely _____ 2 _____ .

Men, however, cannot **accept** that 'merely'.

This is a good **sign**, having a broken heart.

try
something

It means _____ have _____

_____ 2 _____ .

The choice _____ 2 _____ _____

mankind
lie
freedom

_____ 2 _____ and happiness

and for the great bulk of **mankind**,

happiness is better.

---

good
bad
experience
judgment

_____ 2 _____

_____ 2 _____ .

and _____

_____ 3 _____ .

전체듣기

느리게

104 for mankind lies / between freedom
105 Good judgment comes from experience
/ experience comes from bad judgment

99

22 of, out of, by, with

 You have **exactly** the same numbers of hours
누가　　한다　　　　　　　　　　　　　　　　　　무엇을

per day that were given to Michaelangelo,

Leonardo da Vinci, and Albert Einstein.

of 일부가 붙어 있음을 의미하며 '~의', '~중에' about보다 직접적인 '~에 대해',
out of of에 부사 out이 붙어서 '~의 밖에', '(몇) ~중에'를 뜻한다.
by '~에 의해'로 해석한다. with '~과 함께', 반대말은 without이며 '~없이'이다.

 ## of/out of/by/with+명사

106

간다
마사노리

90일만에
회사를
고수익
기업으로

가장 성공적인 사람들도 10번 중 8번은 실패한다.

그러나 그들은 8번의 **실패**를 가능한 한 빨리,

심지어 돈이 없이 한다. 그리고 그들은 2번의 성공적인 것에만 집중해

서 **투자한다**. 그렇게 그들은 성공한다.

107

칩 히스,
댄 히스

made
to stick

칩과 댄은

잘 달라붙는(기억에 남는) 생각들의 **핵심** 원리들 6개를 펼쳐 놓았다:

단순성, **의외성**, 구체성, **신뢰성**,

감성, 그리고 스토리 (약어로 'success')

108

예수님

마태복음
6:34

그러므로 내일에 대해 걱정하지 마라.

왜냐하면 **내일**이 내일에 대해 걱정할 것이다.

각각의 날은 그것 소유의 **충분한** 문제를 가진다.

106 out of 10 / without money
107 of sticky ideas
108 about tomorrow / of its own

당신은 하루에 **정확히** 그 사람들에게 주어진 것과 같은 시간들을

가진다/ 미켈란젤로, 레오나르도 다 빈치, 그리고 알버트 아인슈타

인에게 (주어진 것과 같은).

잭슨
브라운

시간이 없어서 못 했다는 말은 '핑계'이다. 천재와 일반 사람의 차이라면, 자신이 가장 잘할 수 있는 일 한 가지에 자신의 인생 대부분을 바친 것 뿐이다. 삶에서 우선 순위를 정하고 그 순서를 지키는 것이 시간을 쓰는 가장 현명한 방법이다.

---

money
out of

Even **the most** successful people fail 8 _____3_____ .

But they do the 8 **failure**s as fast as they can,

even _____2_____ . And they focus and **invest**

in the 2 successful things. So they succeed.

---

sticky
idea

Dan and Chip lay out

six **key principles** _____3_____ :

Simplicity, **Unexpectedness**, Concreteness, **Credibility**,

Emotion, and Stories.(SUCCESs)

---

tomorrow
own

Therefore do not worry _____2_____ ,

for **tomorrow** will worry about itself.

Each day has **enough** trouble _____3_____ .

106

가장 성공적인 사람들도 10번 중 8번은 실패한다.

간다
마사노리

그러나 그들은 8번의 **실패**를 가능한 한 빨리, 심지어 돈이 없이 하고,

90일만에
회사를
고수익
기업으로

그들은 2번의 성공적인 것에만 집중해서 **투자한다**. 그렇게 그들은 성

공한다.

107

칩과 댄은 잘 달라붙는(기억에 남는) 생각들의 **핵심** 원리들 6개를 펼

칩 히스,
댄 히스

쳐 놓았다: 단순성, **의외성**,

made
to stick

구체성, **신뢰성**, 감성, 그리고 스토리 (약어로 'success')

108

그러므로 내일에 **대해** 걱정하지 마라.

예수님

왜냐하면 **내일**이 내일에 대해 걱정할 것이다.

마태복음
6:34

각각의 날은 그것 소유**의 충분한** 문제를 가진다.

109

사랑의 반대는 미움이 아니다, 그것은 **무관심**이다.

엘리 비젤

예술의 반대는 **못생김**이 아니다, 그것은 무관심이다.

그리고 삶의 그 반대는 죽음이 아니다, 그것은 무관심이다.

110

모든 사람들은 세계를 바꾸는 것에 **대해** 생각한다,

레오
톨스토이

그러나 누구도 자기 자신을 바꾸는 것에 **대해** 생각하지는 않는다.

106 successful people fail / 8 out of 10 / without money
107 lay / principles of sticky ideas
108 worry about tomorrow / day has / of its own

Even **the most** _____2_____

successful
people
fail
money

_____4_____ . But they do the 8 **failure**s

as fast as they can, even _____2_____ . And they

focus and **invest** in the 2 successful things. So they succeed.

Dan and Chip _____ out six **key**

lay
principle
sticky
idea

_____3_____ : Simplicity, **Unexpectedness**,

Concreteness, **Credibility**, Emotion, and Stories.(SUCCESs)

Therefore do not _____2_____ ,

worry
tomorrow
have
own

for **tomorrow** will worry about itself.

Each _____ **enough** trouble

_____3_____ .

The opposite _____2_____ is not hate, it's **indifference**.

love
opposite
death

The opposite of art is not **ugliness**, it's indifference.

And _____4_____ _____2_____

_____ , it's indifference.

_____2_____

everyone
think
change
one

the world,

but no _____

_____2_____ himself.

 **23 종속접속사**

 A lie can travel **halfway** around the world

while the truth is putting on its shoes.
　　누가　　상태이다　어떤

종속접속사(while)는 문장(정확히는 절)을 연결한다. 해석은 본동사 뒤에 붙여서 한다. 주제문에서 while은 is 뒤에 붙어서, '상태인 반면에'로 해석한다. because: ~하기 때문에, while: ~하는 반면에, ~하는 동안, when: ~할 때, though: ~하지만

 접속사-누가-한다-무엇을

111

혼다 켄

부와
행동의
법칙

한 사람이 그의 삶의 그 목적을 깨달을 때,

그러고 나서 그가 100% 그 일을 해내는 것을 **결심할 때**,

그는 **리더(이끄는 사람)**가 된다.

112

로버트
슐러

비관주의자는 말한다,

'내가 그것을 볼 때 나는 그것을 믿을 것이다'라고.

낙천주의자는 말한다,

'내가 그것을 믿을 때 나는 그것을 볼 것이다'라고 말한다.

113

헨리 링크

한 명의 사람이 주저하는 동안

그가 **열등함**을 느끼기 때문에,

그 다른 사람은 분주하게 실수하며 **우등해진다**.

104　　**111** When / realizes
　　　　112 when / see / when / believe
　　　　113 While / hesitates / because / feels

believe 믿다
bɪ'liːv
hesitate 주저하다
'hezɪteɪt
put on 신다
pʊt ɒn
truth 진실
truːθ

best 최고, 최선
best
inferior 열등한
ɪn'fɪəriər
realize 깨닫다
'rɪəlaɪz
try 시도하다
traɪ

feel 느끼다
fiːl
man 사람, 남자
mæn
see 보다
siː

halfway 중도, 중간
'hæfweɪ
purpose 목적
'pɜːrpəs
seen 보여진
siːn

거짓말은 세계의 **절반**을 여행할 수 있다   마크
                                                                      트웨인

그 진실이 그것의 신발을 신는 중인 반면에.

사람들은 듣고 싶은 것만 듣고 기억한다. 본인이 관심 있고 재미있는게 기억에 잘 남기 때
문이다. 그렇기에 세상에는 거짓 소문이 많고, 그 소문은 진실보다 빠르게 퍼진다. 게다가
진실이 밝혀진 이후에도, 소문에 대한 부정적인 이미지는 남게 되므로 조심해야 한다.

---

realize
when

_____ a man _____ the purpose

of his life,

then he **decide**s to do it 100 percent,

he becomes a **leader**.

---

see
believe

The pessimist says,

"I'll believe it _____ I _____ it."

The optimist says,

"I'll see it _____ I _____ it."

---

hesitate
feel

_____ one person

_____ he _____ **inferior**,

the other is busy making mistakes and becoming **superior**.

111

혼다 켄

부와
행동의
법칙

한 사람이 그의 삶의 그 목적을 깨달을 때,

그리고 나서 그가 100% 그 일을 해내는 것을 **결심할** 때,

그는 **리더(이끄는 사람)**가 된다.

112

로버트
슐러

비관주의자는 말한다,

'내가 그것을 볼 때 나는 그것을 믿을 것이다'라고.

낙천주의자는 말한다,

'내가 그것을 믿을 때 나는 그것을 볼 것이다'라고 말한다.

113

헨리 링크

한 명의 사람이 주저하는 동안

그가 열등함을 느끼기 때문에,

그 다른 사람은 분주하게 실수하며 **우등해**진다.

114

간다
마사노리

큰돈버는 기
회는 모두가
어렵다고 할
때 찾아온다

성실함은 돈을 버는 것과는 관련이 없다.

그들이 좋은 제품을 만들기 위해 그들의 최선을 시도하지만,

그들의 고객(의 **관심**)을 끌 수 없다면, 그것들은 절대 잘 팔리지 않는다.

115

찰리
채플린

삶은 가까이서 (그것이) 보여질 때 **비극**이다.

그러나 멀리서 (보면) **희극**이다.

111 When a man realizes the purpose
112 when I see it / when I believe it
113 While one person hesitates because he feels inferior

man
purpose
realize

_____ 2 _____

_____ 2 _____ of his life,

then he **decide**s to do it 100 percent,

he becomes a **leader**.

---

see
believe

The pessimist says,

"I'll believe it _____."

The optimist says,

"I'll see it _____."

---

hesitate
inferior
feel

_____ 2 _____

_____ _____ _____

_____ ,

the other is busy making mistakes and becoming **superior**.

---

best
try

But **earnest** work isn't related to earning money.

_____ _____

_____ 2 _____ to make good products,

if they can't **attract** customers, they never sell well.

---

see

Life is a **tragedy** _____ (_____)

_____ in close-up,

but a **comedy** in long-shot.

전체듣기

느리게

114 Though they try their best
115 when (it is) seen

24 전치사도 가능한 종속접속사

 Health is not valued **until sickness comes**.

접속사   누가   한다

접속사도 되고 전치사도 되는 단어는, 뒤에 명사만 오면 전치사, 뒤에 문장(절, sickness comes)이 오면 접속사이다. like ~처럼, as ~하면서, ~로서, before ~전에, after ~후에, until ~할 때까지 (계속)

 접속사-누가-한다-무엇을

116

윌리엄
퍼키

당신은 보는 사람이 아무도 없는 것처럼 **춤춰**야 한다.

당신이 절대 상처받지 않을 것처럼 사랑하라,

듣는 사람이 없는 것처럼 노래하라.

그리고 지상에서 그것(지상)이 **천국**인 것처럼 살아라.

117

리차드
바크

작별인사에 낙심하지 마라, 작별은 **꼭 필요하다**

당신이 다시 만날 수 있기 전에

그리고 다시 만남은 (꼭 일어나는 일이다), 몇몇 순간 이후에, 혹은 **일생** (이후에) 친구들 사이에 꼭 일어나는 일이다.

118

샘
레벤슨

당신이 더 나이 들게 자라면서,

당신은 두 개의 손이 있음을 **발견할** 것이다,

한 손은 당신을 돕기 위한 것이고,

다른 손은 **다른 사람들**을 돕기 위한 것이다.

116 like / never be
117 before / can meet
118 As / grow

come 오다
kʌm
love 사랑하다
lʌv
object 대상
'ɒbdʒɪkt

grow 자라다
groʊ
meet 만나다
miːt
paint 그리다
peɪnt

health 건강
helθ
never 절대 ~하지 않는다
'nevər
sickness 병
'sɪknəs

hurt 아픈
hɜːrt
think 생각하다
θɪŋk

건강은 병이 올 때까지 가치가 없다(가치 있음을 모른다).

토마스
풀러

어릴 때는, 맛있는 것을 먹는 것은 돈의 낭비이고, 운동하는 것은 체력의 낭비라고 생각했다. 그러나 내가 1년 가량 결핵과 기흉을 앓은 이후로, 20년 동안 음식과 운동은 삶에서 첫 번째가 됐다. 건강한 음식과 운동은 삶에 활력을 줘서 시간을 더 값지게 쓸 수 있다.

---

never
like

You've gotta **dance** like there's nobody watching,

Love _____ you will _____ 2

hurt, Sing like there's nobody listening,

And live like it's **heaven** on earth.

---

meet

Don't be dismayed at goodbyes, a farewell is **necessary** _____

_____ you _____ 2 _____ again

and meeting again, after moments or **lifetime**s, is certain for

those who are friends.

---

grow

_____ you _____ older,

you will **discover** that you have two hands,

one for helping yourself,

the other for helping **others**.

116

윌리엄
퍼키

당신은 보는 사람이 아무도 없는 것처럼 **춤춰**야 한다.

당신이 절대 상처받지 않을 것처럼 사랑하라,

듣는 사람이 없는 것처럼 노래하라.

그리고 지상에서 그것(지상)이 **천국**인 것처럼 살아라.

117

리차드
바크

작별인사에 낙심하지 마라, 작별은 **꼭 필요하다**

당신이 **다시** 만날 수 있기 전에

그리고 다시 만남은, 몇몇 순간 이후에, 혹은 **일생** (이후에) 친구들 사

이에 꼭 일어나는 일이다.

118

샘
레벤슨

당신이 더 나이 들게 자라면서,

당신은 두 개의 손이 있음을 **발견할** 것이다.

한 손은 당신을 돕기 위한 것이고,

다른 손은 **다른 사람들**을 돕기 위한 것이다.

119

파블로
피카소

나는 (그릴) 대상들을 그린다/

내가 생각하는 대로,

그들이 보이**는 대로**가 아니라.

120

예수님

**요한복음
13:34**

내가 너희에게 새로운 **계명**을 준다: 서로 사랑하라.

내가 너희들을 사랑한 것처럼,

그러니 너희도 **서로** 사랑해야만 한다.

110

116 like you will never be hurt
117 before you can meet
118 As you grow

never
hurt

You've gotta **dance** like there's nobody watching,

love

3 , sing like

there's nobody listening, and live like it's **heaven** on earth.

meet

Don't be dismayed at goodbyes, a farewell is **necessary**

2

again and meeting again, after moments or **lifetime**s, is

certain for those who are friends.

grow

older,

you will **discover** that you have two hands,

one for helping yourself,

the other for helping **others**.

paint
object
think

them,

not **as** I see them.

love

A new **command** I give you: Love one another.

2

, so you must love **one another**.

전체듣기

느리게
119 I paint objects as I think
120 As(/Like) I have loved you
111

25 명사절 that

 History shows **(that) ideas tend to arrive**
　　　　　　　 ~라고　누가　　한다　　무엇을
in **a variety of** minds at **approximately** the
same time.

누가-한다-무엇을에서 무엇을 **위치**에 that을 쓰거나,
누가-상태모습-어떤에서 어떤 **위치에 that**을 쓰면, 이후에 that이 무엇인지 종속절(that
뒤의 문장)에서 나온다. 해석은 '~라고'을 의미한다. 이 that은 생략할 수 있다.

 that-문장(누가-한다라고-무엇을 / 누가-상태라고-어떤)

121

미스터핑
쿵푸팬더1

무언가를 **특별하**게 만들려면,

당신은 **단지**

그것이 특별하다고 믿어야 한다.

122

브라이언
트레이시

부자가 된
사람들의
21가지 비밀

삶에서 모든 것은 한 시험이라고 기억해라/

매일, 매시간, 그리고 때때로 매분, 당신은 한 **시험**을 보는 중이다

당신이 시험을 통과한다면, 당신은 **앞으로** 나아가 다음 "등급"으로 올
라갈 것이다.

123

로이 M.
굿맨

행복은 여행의 길(여정)인 것을 기억해라/

— **목적지**가 아니라.

121 it is special
122 everything / is a test
123 happiness is

advantage 이점
æd'væntɪdʒ
happiness 행복
'hæpinəs
person 사람
'pɜːrsən
sole 유일한
soul

approximately 대략
ə'prɒksɪmətli
history 역사
'hɪstəri
remember 기억하다
rɪ'membər
special 특별한
'speʃəl

believe 믿다
bɪ'liːv
idea 발상
aɪ'dɪə
say 말하다
seɪ
test 시험
test

everything 모든 것
'evriθɪŋ
need 필요하다
niːd
show 보여주다
ʃoo
variety 다양함
və'raɪəti

역사는 (새로운) 발상이 오는 경향이 있다고 보여준다

다양한 (사람들의) 마음에 **대략** 비슷한 시기에.

로건
피어설
스미스

사람들은 자신이 이전에 생각만 했던 물건이 세상에 나온 것을 종종 본다. 생각은 쉽지만 용기내서 실행하는 것은 쉽지 않다. 전혀 다른 지역에서 비슷한 시기에 금속 활자가 발명된 것 등을 보면 신께서 인간에게 발상을 주시는 것은 아닐까?

---

special

To make something **special**,

you **just** have to believe

(that) _____ .

---

test
everything

Remember that _____ in life

_____ 2 _____ . Every day, every hour, and sometimes

every minute, you are taking a **test**. When you pass the test,

you move **onward** and upward to the next "grade."

---

happiness

Remember that _____

a way of travel — not a **destination**.

121

미스터 핑
쿵푸팬더 1

무언가를 **특별하**게 만들려면,

당신은 **단지** 그것이 특별하다고 믿어야 한다.

122

브라이언
트레이시

부자가 된
사람들의
21가지 비밀

삶에서 모든 것은 한 시험이라는 것을 기억해라/

매일, 매시간, 그리고 때때로 매분, 당신은 한 **시험**을 보는 중이다.

당신이 시험을 통과한다면, 당신은 **앞으로** 나아가 다음 "등급"으로 올라갈 것이다.

123

로이 M.
굿맨

행복은 여행의 길(여정)인 것을 기억해라/

— **목적지**가 아니라.

124

톰 보뎃

그들은 한 사람은 **단지** 세 가지 것이 필요하다고 말한다/

이 세상에서 **진심으로** 행복하기 위해

사랑할 사람, 해야할 일, 그리고 **소망하**는 것.

125

발타사르
그라시안

힘(권력)의 그 유일한 이점은

당신이 더 많은 선을 할 수 있다는 것이다.

121 you / have to believe / it is special
122 Remember that everything / is a test
123 Remember that happiness is a way

To make something **special**,

_____ **just** _____ 3 _____ (that)

_____ .

_____ in life

_____ 2 _____ . Every day, every hour, and

remember sometimes every minute, you are taking a **test**. When you pass

the test, you move **onward** and upward to the next "grade."

_____ _____

_____

_____ 2 _____ of travel — not a **destination**.

_____ 2 _____ **just**

_____ 2 _____ to be **truly** happy in this world:

someone to love, something to do, and something to **hope** for.

_____ 3 _____ of power _____

_____ 2 _____

more _____ .

believe
special

test
everything
remember

happiness
remember

person
need
say

sole
advantage
good

전체듣기

느리게

it~ to~구문, it~ that~ 구문

 It is best to win without fighting.
누가 상태이다 어떤   ~하는 것이

영어는 누가(주어)가 긴 것은 구조가 잘 안 보여서 뜻이 느리게 전달된다.
그래서 **누가(주어)** 대신에 it을 쓰고 그 it이 무엇인지 뒤에서 to+동사나 that+문장으로 나타
낸다. 여기서 to+동사의 의미상 주어로는 바로 앞에 **for+명사**를 쓴다.

 누가(it)-상태이다-어떤-to부정사(=it)

126

워렌버핏

그것(평판을 쌓는 것)은 20년이 걸린다/

그리고 그것을 **망치는** 데는 5분이 걸린다.

당신이 저것에 대해 생각한다면,

당신은 다르게 행동할 것이다.

127

앙드레
지드

Autumn
Leaves

그것(당신의 본 모습이 미움 받는 것)이 더 좋다/

당신의 본 모습이 아닌 채 사랑받는 것**보다**.

128

테레사
수녀

그것(멀리 있는 사람들을 사랑하는 것)은 쉽다.

그것(우리에게 가까이 있는 사람을 사랑하는 것)이 항상 쉬운 것은 아

니다. 당신의 가정으로 사랑을 **가져와라**/ 왜냐하면 여기가 우리의 사랑

이 시작해야 할 곳이기 때문이다.

126 It / to build
127 It / to be hated
128 It / to love

better 더 좋은	build 짓다, 쌓다	easy 쉬운	fail 실패하다
'betər	bɪld	'iːzi	feɪl
fighting 싸우는 것	hated 미워진	knowledge 지식	privilege 특권
'faɪtɪŋ	'heɪtɪd	'nɒlɪdʒ	'prɪvəlɪdʒ
province 영역	speak 말하다	succeed 성공하다	take (시간이) 걸리다
'prɒvɪns	spiːk	sək'siːd	teɪk
win 이기다	wisdom 지혜		
wɪn	'wɪzdəm		

그것(싸우는 것 없이 이기는 것)이 최고다.

손자

손자병법

싸우면 이기는 쪽도 손실이 있기에, 싸우지 않고 이기는 게 가장 좋다. 다만 그게 가능하려면, 승패가 뻔할 정도로 겉보기에 압도적이거나, 화해하고 친구가 돼야 하는데, 보통은 싸우는 것보다 어렵다.

---

build

_____ takes 20 years _____ 2

a reputation and five minutes to **ruin** it.

If you think about that,

you'll do things differently.

---

hate

_____ is better _____ 3

for what you are

than to be loved for what you are not.

---

love

_____ is easy _____ 2 _____ the

people far away.

It is not always easy to love those close to us. **Bring** love into

your home for this is where our love for each other must start.

126
워렌 버핏

그것(평판을 쌓는 것)은 20년이 걸린다/

그리고 그것을 **망치는** 데는 5분이 걸린다.

당신이 저것에 대해 생각한다면, 당신은 다르게 행동할 것이다.

127
앙드레
지드

Autumn
Leaves

그것(당신의 본 모습이 미움 받는 것)이 더 좋다/

당신의 본 모습이 아닌 채 사랑받는 것**보다**.

128
테레사
수녀

그것(멀리 있는 사람들을 사랑하는 것)은 쉽다.

그것(우리에게 가까이 있는 사람을 사랑하는 것)은 항상 쉬운 것은 아

니다. 당신의 가정으로 사랑을 **가져와라** 왜냐면 여기가 우리의 사랑이

시작해야 할 곳이기 때문이다.

129
올리버
웬델
홈즈

그것(말하는 것)은 **지식의** 그 영역이다

그리고 그것(듣는 것)은 **지혜의** 그 특권이다.

130
존
매이너드
케인스

당신의 평판을 위해서는 그것(**관습적인 방식으로** 실패하는 것)이 더

낫다/

독특한 방식으로 성공하는 것보다는.

126 It takes 20 years to build
127 It is better to be hated
128 It is easy to love the people

_____ 2 _____

build
take

_____ 2 _____ a reputation and five minutes to **ruin** it.

If you think about that, you'll do things differently.

_____

hate
better

_____ 3 _____ for what you are **than** to be

loved for what you are not.

_____

easy
people

_____ 4 _____ far away.

It is not always easy to love those close to us. **Bring** love into

your home for this is where our love for each other must start.

_____ 2 _____

speak
province
privilege
listen

of knowledge _____ 2 _____

and _____ 2 _____

of wisdom _____ 2 _____ .

_____ for your reputation

better
fail

_____ 2 _____ **conventionally**

than it is to succeed **unconventionally**.

전체듣기

느리게

129 It is the province / to speak
/ it is the privilege / to listen
130 It is better / to fail

119

 **27 관계대명사**

 Never **regret something**

that once **made you** smile.
누가   한다   무엇을

관계대명사(that, who, which)는 선행사(관계대명사 바로 앞의 명사, 주제문의 something) 가 있으면 **그 선행사를 의미**한다. **that**은 who나 which 대신 쓸 수 있다. **선행사가 없으면 선행사를 포함**한다. what은 항상 선행사를 포함한다. that은 선행사를 포함할 수 없다.

 관계대명사(무엇을)-누가-한다 / 관계대명사(누가)-한다

131 **천직에 관한 확인은**

로건
피어설
스미스

그것(일)이 포함하는 그 따분한 일(그 일)을 사랑하는가에 있다.

132 그는 (돈이 모든 것을 할 것이라고 믿는 그 사람은)

벤자민
프랭클린

돈을 위해 무엇이든 할 것 같은 **의심이 든**다.

133 행복의 한(쪽) 문이 닫힐 때, **다른 한** 문이 열린다;

헬렌 켈러

그러나 우리는 종종 그 **닫힌** 문을 너무 오랫동안 보느라

우리에게 열려있는 그 하나(그 문)를 보지 않는다.

131 that(또는which) it involves
132 that(또는 who) believes
133 which(또는 that) / been opened

do 한다
du:
made 만들었다
meid
show 보여주다
ʃou

drudgery 따분한 일
'drʌdʒəri
opened 열린
'oupənd
smile 웃다
smail

involve 포함하다
ɪn'vɒlv
people 사람들
pi:pəl

know 알다
nou
regret 후회하다
ri'gret

절대 어떤 것을 **후회하지** 마라

엠버
데커스

그 어떤 것은 당신을 한 때 웃게 만들었다.

이별하면 안 좋은 추억이 된다. 하지만 한 때라도 행복했던 것이 경험조차 못해본 것보다는 낫다. 결과가 좋지 않다고 과정 모두를 후회하는 것은 어리석다.

---

involve

The test of a **vocation** is

the love of the drudgery

(   ) _____ _____ .

---

believe

He _____ money will do everything

may well be **suspected** of doing everything for money.

---

opened

When one door of happiness closes, **another** opens;

but often we look so long at the **closed** door that we do not

see the one _____ has

_____ for us.

(선행사)-관계대명사(누가/무엇을)+문장

131

로건
피어설
스미스

천직에 관해 확인은

그것(일)이 포함하는 그 따분한 일(그 일)을 사랑하는가에 있다.

132

벤자민
프랭클린

그는 (돈이 모든 것을 할 것이라고 믿는 그 사람은)

돈을 위해 무엇이든 할 것 같은 **의심이 든**다.

133

헬렌 켈러

행복의 한(쪽) 문이 닫힐 때, **다른 한** 문이 열린다;

그러나 우리는 종종 그 **닫힌** 문을 너무 오랫동안 보느라

우리에게 열려있는 그 하나(그 문)를 보지 **않는**다.

134

닐 게이먼

네가 **가장 잘**할 수 있는 무엇만 해라.

좋은 **작품**을 만들어라.

나쁜 날에도 그것을 만들고, 좋은 날에도 그것을 만들어라.

135

스티브 잡스

사람들은 그들이 무엇을 원하는지 모른다/

당신이 그들에게 그것을 보여줄 **때까지.**

131 the drudgery (that) it involves
132 He who believes
133 see the one which has been opened

The test of a **vocation** is

the love of _____ 2 _____

(_____) _____ .

_____

money will do everything may well be **suspected** of doing

everything for money.

When one door of happiness closes, **another** opens;

but often we look so long at the **closed** door that we do not

_____ 2 _____

_____ 2 _____ for us.

_____ only

_____ 2 _____ best.

Make good **art**.

Make it on the bad days, make it on the good days too.

_____ 2 _____

_____

until _____ to them.

 **관계부사**

 People will forget what you said,

people will **forget** what you did, but people will

never forget how you made them feel.
　　　　　　　　관계부사 누가　　한다　　무엇을

관계부사(when, where, why, how)도 관계대명사와 원리는 같다. 다만, 앞에 올 수 있는 **선행사의 종류가 정해져 있으며**(when:시간 명사, where:장소 명사, why: reason), 보통은 선행사를 포함해서 명사절로 쓴다. how: 어떻게, 얼마나, why:이유, where: 장소

 관계부사-누가-한다-무엇을

136

제프리
지토머

레드
세일즈 북

사람들은 (강요받아) **사(지)는** 것을 좋아하지 않는다, 그러나 (자신의 의

지로) **사는** 것은 좋아한다. 판매 전문가로서 당신의 일은 한 **환경**을 창

조하는 것이다/ 그 곳(환경)에서 사람들이 (물건을) 사기를 원하는.

137

매리
크라울리

신은 의미 없는 누군가를 만들기 위해 시간을 쓰지 않는다/

그리고 당신이 신께 얼마나 많이

중요한지 배운**다면**, 당신은 밖에 나가서 세상에게 당신이 얼마나 **중요**

한지 보여줄 필요가 없다.

138

빅터
E. 프랭클

죽음의
수용소에서

나는 어떻게 [이 세상에서 **남은**(가진)것이 하나도 없는] 한 사람이

여전히 큰 기쁨을 알 수 있는지를 이해했다,

그가 사랑하는 사람을 단지 짧은 순간 동안 **명상**하면서.

136 where people want
137 how much you matter
138 how a man / know

bliss 큰 기쁨
blis
how 어떻게, 얼마나
haʊ
matter 중요하다, 문제가 된다
'mætər
sell 팔다, 팔리다
sel
why 이유
waɪ

built 지어진
bɪlt
made 만들었다
meɪd

ship 배
ʃɪp

buy 사다
baɪ
man 사람, 남자
mæn
much 많이, 많은
mʌtʃ
that 저, 저것
ðæt

feel 느끼다
fiːl

people 사람들
piːpəl
want 원하다
wɒnt

사람들은 당신이 뭘 말했는지 잊을 것이다.

마야
안젤루

사람들은 당신이 한 일도 **잊을** 것이다. 그러나 사람들은

절대 잊지 않을 것이다/ 당신이 그들을 어떻게 느끼도록 만들었는지를.

한 사람에게 이성과 감성의 비율을 보면, 90%가량은 '감성'이 차지한다. 그래서 말의 내용보다 말의 어조와 분위기에서 더 많은 것을 느끼고 판단한다. 싸우고 오랜 시간이 흐르면 왜 싸웠는지는 기억이 안 나지만, 싸웠을 때 느낀 감정은 기억한다.

---

people
want

People don't like to be **sold**, but they love to **buy**.

Your job as a master salesman is to create an **atmosphere**

to buy.

---

how
much
matter

God doesn't take time to make a nobody

and **once** you learn _____ 2 _____

_____ to God, you don't have

to go out and show the world how much you **matter**.

---

how
man
know

I understood _____ 2 _____ [who

has nothing **left** in this world] still may

bliss, be it only for a brief moment, in the **contemplation** of

his beloved.

136

제프리 지토머

레드 세일즈 북

사람들은 (강요받아) **사(지)는** 것을 좋아하지 않는다, 그러나 (자신의 의

지로) **사는** 것은 좋아한다. 판매 전문가로서 당신의 일은 한 **환경**을 창

조하는 것이다/ 그 곳(환경)에서 사람들이 (물건을) 사기를 원하는.

137

매리 크라울리

신은 의미 없는 누군가를 만들기 위해 시간을 쓰지 않는다/

그리고 당신이 신께 얼마나 많이 중요한지 당신이 배운**다면**,

당신은 밖에 나가서 세상에게 당신이 얼마나 **중요한지** 보여줄 필요가

없다.

138

빅터 E. 프랭클

죽음의 수용소에서

나는 어떻게 [이 세상에서 **남은**(가진)것이 하나도 없는] 한 사람이

여전히 큰 기쁨을 알 수 있는지를 이해했다

그가 사랑하는 사람을 단지 짧은 순간 동안 **명상**하면서.

139

보도섀퍼

보도 섀퍼의돈

배는 **항구**에 있을 때 분명히 더 안전하다,

그러나 저것이 그 배가 지어진 이유는 아니다.

우리는 **안전**이 필요하다,

그러나 우리는 또한 도전과 **모험**이 필요하다.

140

에르메스

가방 회사

에르메스는 당신이 그들의 **물건**을 쉽게 살 수 있도록 만들지 않는다.

저것이 그것(에르메스)이 아주 잘 팔리는 이유이다.

136 where people want to buy
137 you learn how much you matter
138 how a man / know bliss

People don't like to be **sold**, but they love to **buy**.

people
buy
want

Your job as a master salesman is to create an **atmosphere**

_____ _____

_____ 2 _____ .

God doesn't take time to make a nobody

how
much
matter
learn

and **once** _____ 2 _____

_____ to God, you don't have

to go out and show the world how much you **matter**.

I understood _____ 2 _____ [who

how
man
bliss
know

has nothing **left** in this world] still may _____

_____ , be it only for a brief moment, in the

contemplation of his beloved.

A ship is certainly safer when in the **harbour**,

ship
build

but that is not _____ 2 _____

_____ . We have a need for

security, but we also need change and **adventure**.

Hermès doesn't make it easy for you to buy its **stuff**.

why
sell

_____ _____

_____ so well.

29 전치사+관계대명사

 Whether you **prevail** or fail, endure or die,

depends more **on what you do** to yourself
전치사+관계대명사 누가 한다
than on what the world does to you.

전치사+관계사(주로 what, which, whom)는 **선행사가 없으면**(=관계사가 선행사를 포함하면) 그 자리에서 바로 해석되고, 선행사가 있으면 전치사와 함께 종속절(관계사 뒤에 붙은 절) 뒤에서 해석된다.

전치사+관계대명사 (누가) 한다 (무엇을)

141

간다
마사노리

큰돈버는기
회는 모두가
어렵다고 할
때 찾아온다

새로운 사업은 **동기**를 가져야 한다.

그것은 어떤 종류의 행복에 대한 **생각**이다/

그 일을 통해 당신이 (어떤 종류의 행복을) 세상에 줄 것인가(에 대한 생각).

142

세스 고딘

보랏빛
소가온다

가장 위대한 예술가들, 극작가, 자동차 디자이너, 작곡가,

광고 예술 감독, **작가**, 그리고 요리사 모두는

아주 큰 실패를 가졌었다/ 그것이

그들의 성공적인 일을 위대하게 만드는 무엇의 부분이다.

143

심길후

26세
100억
부자

당신이 누구에게 당신의 상품을 팔지를 결정하는 가장 좋은 방법은

스스로에게 물어보는 것입니다.

'당신의 **상품**을 오직 한 사람에게 판다면, 누구에게 팔기를 원하나요?'

---

141 happiness / you will give
142 what makes
143 whom you sell

decide 결정하다
di'saɪd
hear 듣다
hɪər
music 음악
'mjuːzɪk

do 한다
duː
kind 종류
kaɪnd
product 상품
prɒdʌkt

great 위대한, 대단한
greɪt
look 보다
lʊk
successful 성공적인
sək'sesfəl

happiness 행복
'hæpɪnəs
make 만들다
meɪk
work 일, 작품
wɜːrk

당신이 **잘 나가거**나 실패하거나, 참아내거나 죽거나는,

무엇을 당신이 당신 스스로에게 하는지에 더 많이 **달려있다**/

세상이 당신에게 무엇을 하는지보다.

짐 콜린스

위대한
기업은
다어디로
갔을까

부모와 세상을 탓하는 사람이 많다. 그러나 주변 사람과 환경은 일시적이고, 장기적으로는 다 본인 탓이다. 특히 20살부터는 스스로 무엇을 선택하고 시도하는지에 모든 것이 달려 있다. 주로 환경은 바꿀 수 없다. 대부분 나부터 바꿔야 환경이 바뀐다.

happiness

New business should have a **motive**.
It's a **thought** about what kind of ＿＿＿＿＿＿＿＿ (that)

＿＿＿＿＿＿＿ 2 ＿＿＿＿＿ to the

world **through** the work.

make

The **greatest** artists, playwrights, car designers, composers,

advertising art directors, **author**s, and chefs have all had

significant flops it's part of ＿＿＿＿＿＿＿＿＿＿

＿＿＿＿＿＿＿＿ their successful work great.

sell

The best way to decide to ＿＿＿＿＿＿＿＿

＿＿＿＿＿＿＿＿＿ your product is asking yourself 'if you

sell your **product** to only one person, to whom do you want

to sell?'

141

간다
마사노리

큰돈버는기
회는 모두가
어렵다고할
때 찾아온다

새로운 사업은 **동기**를 가져야 한다.

그것은 어떤 종류의 행복에 대한 **생각**이다

그 일**을 통해** 당신이 (어떤 종류의 행복을) 세상에 줄 것인가(에 대한 생

각).

142

세스 고딘

보랏빛
소가 온다

가장 위대한 예술가들, 극작가, 자동차 디자이너, 작곡가,

광고 예술 감독, **작가**, 그리고 요리사 모두는

아주 큰 실패를 가졌었다/ 그것이

그들의 성공적인 일을 위대하게 만드는 무엇**의** 부분이다.

143

심길후

26세
100억
부자

당신이 누구**에게** 당신의 상품을 팔지를 결정하는 가장 좋은 방법은

스스로에게 물어보는 것입니다.

'당신의 **상품**을 오직 한 사람에게 판다면, 누구에게 팔기를 원하나요?'

144

시드
비셔스

짐, 나는 네가 언젠가 **직업**이 생겼으면 좋겠어

그 직업**에서는** 네가 **하루종일** 시계를 보지 않아도 되는.

145

프레드리히
니체

춤추는 사람들은 미쳤다고 생각된다

그 음악을 들을 수도 없는 사람들**에 의해서**는.

141 about what kind of happiness / you will give
142 of what makes their successful work
143 to whom you sell your product

New business should have a **motive**.

kind
happiness

It's a **thought** _____ 5 _____

(that) _____ 2 _____ to

the world **through** the work.

The **greatest** artists, playwrights, car designers, composers,

successful
work
make

advertising art directors, **author**s, and chefs have all had

significant flops it's part _____ 2 _____

_____ 3 _____ great.

The best way to decide _____ 2 _____

_____ 2 _____ is asking

product
sell

yourself 'if you sell your **product** to only one person, to

whom do you want to sell?'

Jim, I hope someday you get a **job** _____ 2 _____

look

_____ don't have to _____ at your

watch **all day**.

And those who were seen **dancing** were thought to be insane

hear
music

_____ 3 _____

_____ 3 _____ 2 _____ .

전체듣기

느리게

30◆ 가정법 미래

 You can be **healed** of depression **if** every day

~한다면

you begin the first thing in the morning to **consider**

누가   한다   무엇을

how you will bring a real joy to someone else.

실제 일어나지 않은 일을 가정할 때, if를 써서 '**~한다면**'을 쓰고, **시간을 뒤로 보내 '아직 일어나지 않았음'**을 표현한다. 이 단원에서는 앞으로 일어날 일(미래)을 '현재'로 표현하는 문장만 나온다. 이 때 주절(if가 없는 절)에서는 주로 조동사(will, can, may 등)가 들어간다.

 if-누가-한다

146 J.K. 롤링 해리포터와 불의잔	당신이 한 사람이 무슨(어떤) 사람인지 알기 원한다면, 그보다 낮은(열등한) 사람들을 그가 어떻게 **대하는지**를 잘 봐라, 그와 **동등한** 사람들이 아니라.
147 지그 지글러 정상에서 만납시다	당신은 삶에서 원하는 모든 것을 얻을 수 있다/ 오직 당신이 다른 사람들이 원하는 것을 **얻도록** 충분히 돕는다면.
148 켄 블랜차드, 셸든 보울즈 열광하는 팬	당신이 당신의 사람들(종업원)을 돌보지 않는다면, 그들도 당신의 고객들을 돌보지 않을 것이다.

146 If / want
147 if / help
148 If / don't look

begin 시작하다 bɪˈgɪn	**bring** 가져오다 brɪŋ	**consider** 깊이 생각하다 kənˈsɪdər
customer 고객 ˈkʌstəmər	**earn** (돈을) 벌다 ɜːrn	**fortune** 거금, 재산 ˈfɔːrtʃən
heal 치료하다 hiːl	**help** 돕다 help	**inferior** 열등한 ɪnˈfɪəriər
judge 판단하다 dʒʌdʒ	**look after** 돌보다 lʊk ˈæftər	**love** 사랑(하다) lʌv
people 사람들 ˈpiːpəl	**time** 시간 taɪm	**treat** 대하다, 다루다 triːt

friend 친구 frend
joy 기쁨 dʒɔɪ
make 만들다 meɪk
want 원하다 wɒnt

당신은 우울증에서 **치료될** 수 있다 매일 아침

알프레드
아들러

당신이 첫 번째 것으로 **생각하기** 시작한다면

어떻게 당신이 다른 사람에게 진정한 기쁨을 가져올(전해줄)지를.

불만족이나 슬픔이 지속되면 우울증이 된다. 자신이 갖지 못한 것에 집중할 수록 불만이 쌓이는데, 남에게 베풀면 자신이 가진 것을 깨닫고 감사하게 된다. 우울하다면 봉사활동이나 기부를 해보는 건 어떨까? 정신의학자 알프레드 아들러의 말이므로 믿음이 간다.

---

want

_____ you _____ to know what a man's like,

take a good look at how he **treats** his inferiors,

not his **equals**.

---

help

You can get everything in life you want

only _____ you _____ enough other

people **get** what they want.

---

look

_____ you 2

after your people,

they won't look after your customers.

---

146 당신이 한 사람이 무슨(어떤) 사람인지 알기 원한다면,

J. K. 롤링

해리포터와
불의 잔

그보다 낮은(열등한) 사람들을 그가 어떻게 대하는지를 잘 봐라,

그와 **동등한** 사람들이 아니라.

147 당신은 삶에서 원하는 모든 것을 얻을 수 있다

지그
지글러

정상에서
만납시다

오직 당신이 다른 사람들이 원하는 것을 **얻도록** 충분히 돕는다면.

148 당신이 당신의 사람들(종업원)을 돌보지 않는다면,

캔
블랜차드,
셸든
보울즈

열광하는 팬

그들도 당신의 고객들을 돌보지 않을 것이다.

149 당신이 판매를 만든다면, 당신은 **수수료**를 벌 수 있다.

제프리
지토머

레드
세일즈 북

당신이 한 친구를 만든다면,

당신은 한 (평생 쓸) 재산을 벌 수 있다.

150 당신이 사람들을 판단한다면,

테레사 수녀

당신은 그들을 사랑할 시간을 가지지 **않는다.**

146 If you want / he treats / inferiors **147** if you help
148 If you don't look after your people
/ they won't look after your customers

_____ to know what a

man's like,

take a good look at how _____

his _____, not his **equal**s.

You can get everything in life you want

only _____ enough

other people **get** what they want.

_____ 2

_____ 3 _____ ,

_____ 2

_____ 3 _____ .

If you make a sale, you can earn a **commission**.

_____

_____ 2 _____ ,

_____ 2 _____ _____ 2 _____ .

_____

_____ ,

_____ no _____

to love them.

전체듣기

느리게

31 가정법 현재, 과거

 So **in** everything, do to others

what **you would have them** do to you,
누가   한다   무엇을

for this **sums up** the Law and the Prophets.

현재를 가정하려면 과거로 이야기하고, 과거를 가정하려면 과거완료로 이야기한다. 과거의 조동사+have+과거분사는 '**과거완료**'를 의미한다. 그리고 대부분은 주절과 종속절의 시제가 같다.

 if-누가-한다

151

에이브러햄
링컨

내가 나무 **자르는** 데에 오직 한 시간을 가진다면(현재 가정),

나는 도끼를 **날카롭게 하는** 데에 첫 45분을 소비할 것이다(현재 가정).

152

제프 콕스

마케팅
천재가된
맥스

지금 **당장** 은퇴할 수도 있다(현재 가정)/

내가 원한다면(현재 가정).

그러나 내가 세상에 저 (하늘을) 나는 **양탄자** 기술을 팔 때,

세상은 **더 나은** 곳이 되리라 믿는다.

153

이외수

청춘불패

사랑은 **정신적인** 교환이다, 물질적인 교환이 아니다.

그러나, 당신이 그의 **외형** 때문에 사랑을 시작했다면(과거 가정),

그 사랑은 실패할 것이 **예약된** 것이다(과거 가정).

151 had / spend
152 could retire / if I wanted
153 if / started

been be동사의 과거분사
bɪn
hour 시간
'aʊər
retire 은퇴하다
rɪ'taɪər
succeed 성공하다
sək'siːd

love 사랑(하다)
lʌv
spend 소비하다
spend
want 원하다
wɒnt

found 찾았다
faʊnd
minute 분
'mɪnɪt
sum up 요약하다

had 가졌다
hæd
prophet 선지자
'prɒfɪt
start 시작하다
stɑːrt

그래서 모든 것에 **있어서**, 다른 사람들에게 해라

네가 그들로 너한테 하라고 할 것처럼(현재 가정),

이것이 모든 법과 선지자들의 (말한) 것을 **압축한** 것이다.

예수님
마태복음
7:12

'받고 싶은대로 주라'는 내 좌우명이다. 가끔 지하철역 근처에서 차비가 없다며 돈을 달라는 사람이 있다. 거짓말인 것 같지만 돈을 준다. 내가 그 사람이라면 자존심을 버리며 거짓말하고 싶지 않고, 피치 못할 사정에서 내가 저런다면 나를 도와주길 바라기 때문이다.

---

spend

If I only ＿＿＿＿＿＿＿＿＿ an hour to **chop** down a tree,

I would ＿＿＿＿＿＿＿＿＿ the first 45 minutes, **sharpen**ing my

axe.

---

retire

I could ＿＿＿＿＿＿＿＿＿ **right** now

＿＿＿＿＿＿＿ I ＿＿＿＿＿＿＿ to.

But I believe that when I sell that flying **carpet** technology to

the world, the world will be a **better** place.

---

start

Love is of **mental** exchanges, not of material exchanges.

However, ＿＿＿＿＿ you had ＿＿＿＿＿ to love

because of his **appearance**,

the love would have been **scheduled** to fail.

151

에이브러햄
링컨

내가 나무 **자르는** 데에 오직 **한** 시간을 가진다면(현재 가정),

나는 도끼를 **날카롭게 하는** 데에 첫 45분을 소비할 것이다.

152

제프 콕스

**마케팅
천재가 된
맥스**

지금 **당장** 은퇴할 수도 있다(현재 가정)/

내가 **원한**다면(현재 가정).

그러나 내가 세상에 저 (하늘을) 나는 **양탄자** 기술을 팔 때,

세상은 **더 나은** 곳이 되리라 믿는다.

153

이외수

청춘불패

사랑은 **정신적인** 교환이다, 물질적인 교환이 아니다.

그러나, 당신이 그의 **외형** 때문에 사랑을 시작했다면(과거 가정),

그 사랑은 실패할 것이 **예약된** 것이다(과거 가정).

154

J.K. 롤링

내가 어떤 다른 곳에서 정말 성공했다면(과거 가정),

내가 절대 성공해야겠다는 **결심**을 찾지 **못했을** 지도 모른다/

내가 진심으로 속하기를 바랐던 한 **분야**에서(과거 가정).

155

존
그린리프
휘티어

팜플렛

모든 슬픈 말과 글 중에서, 이 중에서 **가장 슬픈** 것은,

'(다르게 행동했다면) 그것이 (달랐을) 지도 모르는데(과거 가정)'이다.

151 I / had an hour / I would spend / 45 minutes
152 could retire / if I wanted
153 if / started / the love / been

If _____ only _____

_____ 2 _____ to **chop** down a tree,

_____ 2 _____ the first

_____ 2 _____, **sharpen**ing my axe.

I _____ 2 _____ **right** now

_____ _____ to.

But I believe that when I sell that flying **carpet** technology to

the world, the world will be a **better** place.

Love is of **mental** exchanges, not of material exchanges.

However, _____ you had _____ to

love because of his **appearance**, _____ 2 _____

would have _____ **scheduled** to fail.

_____

_____ really _____ at anything else,

_____ never 2 _____ the **determination**

to succeed in the one **arena** I believed I truly belonged.

Of all sad words of tongue or pen, the **saddest** are these,

' _____ might

_____ 2 _____ ,'

32 콤마 2개로 삽입

 Every adversity brings, with it,
누가 · · · · · · · · · · · · · · · 한다
the seed of an **equivalent** advantage.
무엇을

콤마(,)가 두 개 나오면, 일부가(부사, 부사구, 부사절) **문장 중간에 삽입**됐다는 뜻이다. 주제문에서는 한다와 무엇을 사이에 with it이 삽입됐다.

 누가, 삽입, 한다-무엇을

156

존 스노우

왕좌의 게임

'그러나'라는 그 단어 이전의 모든 단어는

말똥이다.

157

마티
뉴마이어

브랜드
반란을
꿈꾸다

급진적으로 다르게 하는 것은, 반면에, 당신이 **소유하고** 방어할 수 있는 완전히 새로운 시장 공간을 찾는 것에 대한 것이다, 그렇게 함으로써 수개월이 아니라 수년간 **이득**을 낼 수 있다.

158

보도 셰퍼

보도
셰퍼의 돈

잊지 마라, 그러나,

당신의 수입의 수준은 아주 많이 달려있다는 것을

당신 외에 누구도 할 수 없는 **활동**을 하는 양에.

156 Every word / is / horse shit
157 Radical differentiation / is / finding
158 Do not forget (=Don't forget) / your income is / dependent

advantage 이점
æd'væntidʒ

adversity 역경
æd'vɜːrsəti

at the mercy of ~에 휘둘리는
æt ðə 'mɜːrsi əv

bring 가져온다
brɪŋ

dependent ~에 달려있는
dɪ'pendənt

differentiation 다르게 하는 것
dɪfərenʃi'eɪʃn

equivalent 동등한
ɪ'kwɪvələnt

every 모든
'evri

forget 잊다
fər'get

horse shit 말똥
hɔːrs ʃɪt

however 그러나
haʊ'evər

income 수입
'ɪnkʌm

intelligent 지적인
ɪn'telɪdʒənt

radical 급진적인
'rædɪkəl

rarest 가장 드문
'reərɪst

seed 씨앗
siːd

모든 역경은, 그것과 함께, 가져온다

동등한(양의) 이득의 씨앗을.

나폴레온
힐

Think and
Grow Rich

성경에서 복(상)을 받는 방법은 두가지이다. 하나는 하나님 사랑, 이웃 사랑을 실천하여 세상에 베푸는 것이고, 다른 하나는 잘못하지도 않았는데 받은 역경을 잘 견디고 이겨내는 것이다. 하나님의 사랑은 공평해야 하기에 누구에게나, 어떻게든, 언젠가는 돌아온다.

---

every
word
horse shit

_____ 2 _____, before the word 'but',

_____ 2 _____.

---

radical
differentiation

_____ 2 _____, on the other hand,

_____ about _____ a whole new

market space you can **own** and defend, thereby delivering

profits over years instead of months.

---

forget
income
dependent

_____ 3(2) _____, however,

that the level of _____ 2 _____

very much _____ on the amount of

activities that no one else can do besides you.

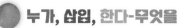

156

존 스노우
왕좌의 게임

'그러나'라는 그 단어 이전의 모든 단어는

말똥이다.

157

마티
뉴마이어

**브랜드
반란을
꿈꾸다**

급진적으로 다르게 하는 것은, 반면에,

당신이 **소유하고** 방어할 수 있는 완전히 새로운 시장 공간을 찾는 것

에 대한 것이다,

그렇게 함으로써 수개월이 아니라 수년간 **이득**을 낼 수 있다.

158

보도 셰퍼

**보도
셰퍼의 돈**

잊지 마라, 그러나,

당신의 수입의 수준은 아주 많이 달려있다는 것을

당신 외에 누구도 할 수 없는 **활동**을 하는 양에.

159

요한
볼프강
폰 괴테

그것들(꼭 해야 되는 가장 중요한 일들)은,

가장 중요하지 않은 일(**가장 적게** 중요한 일)에 절대 휘둘리지 말아야

한다. 아마도 시간 관리에서 최고의(가장 중요한) 한 단어는 "아니오!"

일 것이다.

160

어니스트
헤밍웨이

에덴 동산

지적인 사람들의 행복은

내가 알기엔 가장 드문 것이다.

156 Every word before the word 'but' is horse shit
157 Radical differentiation on the other hand is finding
158 Do not forget **however** / your income is / dependent

_____ 2 _____ , _____ 4 _____ ,

every
word
horse shit

_____ 2 _____ .

_____ 2 _____ , _____ 4 _____ ,

radical
differentiation

_____ about _____

find
hand

a whole new market space you can **own** and defend,

thereby delivering **profit**s over years instead of months.

_____ 3(2) _____ , _____ ,

however
income
dependent

that the level of _____ 2 _____

very much _____ on the amount of

activities that no one else can do besides you.

_____ 2 _____ , which matter most, must never

mercy
word
no

_____ 3 _____ of the things

that matter **least**. Perhaps the best single _____

in time management _____

_____ , in _____ 2 _____ ,

intelligent
people
rarest

_____ 3 _____ I know.

전체듣기

느리게

 We find no real satisfaction or happiness in life
누가   한다   무엇을
without **obstacle**s **to conquer** and **to achieve**.

and를 해석할 때, **and 바로 뒤의 단어**의 품사(역할에 따른 단어의 종류, 주제문에서는 to achieve)를 보고, 앞에서 같은 품사(to conquer)를 찾은 다음, 그 단어부터 앞까지 **생략된 부분(We~obstacles)을 and와 to achieve 사이에 넣어서 해석**한다.

 ~ and ~

161
마크
트웨인

고전이란 — 어떤 책인데 사람들이 칭찬하고

(사람들이) 읽지는 않는다.

162
찰리
채플린

위대한
독재자

우리는 너무 많이 생각(만)하고

(우리는) 아주 **적게** 느낀다.

163
안철수

당신의 삶에서 중요한 것을 **결정해**야 할 때,

그것들이 **의미있는**지, 흥미있는지 생각해라.

그리고 (삶에서 중요한 것을 결정해야 할 때)

당신이 그것을 잘할 수 있는지에 대해 (생각하라).

161 praise / don't read
162 think / feel
163 whether

achieve 달성하다 conquer 정복하다 do 한다 feel 느끼다
əˈtʃiːv ˈkɒŋkər duː fiːl
goal 목표 good 좋은 lost 잃어진 love 사랑하다
goʊl gʊd lɒst lʌv
name 이름 obstacle 장애물 one 한 개, 한 사람 person 사람
neɪm ˈɒbstəkəl wʌn ˈpɜːrsən
praise 칭찬하다 read 읽다 same 같은 satisfaction 만족
preɪz riːd seɪm ˌsætɪsˈfækʃən
whether ~인지 아닌지
ˈweðər

우리는 삶에서 어떤 진정한 만족이나 행복을 찾을 수 없다/ 맥스웰 몰츠

이겨내거나 달성해야 할 **장애물** 없이는.

책을 만드는 것은 큰 어려움이자, 고급 퍼즐 같다. 내가 세상에 필요하다고 느끼는 영어 비법, 그리고 독자들이 원하는 책, 디자인과 가격, 시기 등 많은 것이 제대로 맞물려야 한다. 매번 벅차고 어렵다고 느낀다. 하지만 어려울 수록 잘 풀었을 때 더 큰 만족을 준다.

---

praise
read

Classic — a book which people

and _____ 2 _____.

---

feel

We _____ too much

and _____ too **little**.

---

whether

When you should **decide** important thing in your life,

think about whether it's **meaningful**, interesting,

and

_____ you can do it well.

~ and ~

161
마크
트웨인

고전이란 — 어떤 책인데

사람들이 칭찬하고

(사람들이) 읽지는 않는다.

162
찰리
채플린

위대한
독재자

우리는 너무 많이 생각(만)하고

(우리는) 아주 **적게** 느낀다.

163
안철수

당신의 삶에서 중요한 것을 **결정해**야 할 때,

그것이 **의미있는**지, 흥미있는지 생각해라.

그리고 (삶에서 중요한 것을 결정해야 할 때) 당신이 그것을 잘할 수

있는지에 대해 (생각해라).

164
척 팔라닉

당신이 사랑하는 사람은

[그리고 당신을 사랑하는 사람은]

절대, 꼭 그 같은 사람이 아니다(아닐 확률이 높다).

165
제프리 경

한 좋은 이름(명성)은, 좋은 **의도**(호의)처럼,

많은 **행동**에 의해 얻어지고

한 개(행동)에 의해 잃는다.

161 people praise / and don't read
162 We think / and feel
163 whether you can do it

Classic — a book

which _____

_____ 2 _____ .

_____ too much

_____ too **little**.

When you should **decide** important thing in your life,

think about whether it's **meaningful**, interesting,

and _____

_____ 2 _____ well.

The one [(who) you love and the one

who _____]

_____ never, ever _____ 3 _____ .

_____ 3 _____ , like good **will**,

_____ got by many **action**s and

_____ 2 _____ .

34 등위접속사 2

 We **seldom** think **of what** we have
무엇을   누가   한다
but always **of what** we lack.
무엇을   누가   한다

but(그러나)과 or(또는)도 and 같은 방식으로 사용한다. nor는 not+or이다.
콤마(,)가 2개 이상 나온 뒤 마지막에 (주로 콤마와 함께) and가 나온 경우, and 앞의 콤마
는 and를 의미한다. 그리고 가끔은 and가 '그러면(then)'을 의미하기도 한다.

~같은 품사 단어~ but/or/nor/and-단어

166 화살 한 개는 쉽게 부러질 수 있다/

그러나 많은 화살은 파괴되지 않는다.

167 한 사람에 대한 **궁극적인** 척도는

그들이 안락하고 **편안한** 순간에 어디에 있는지가 아니다,

그러나 그들이 도전과 **논란**의 때(어려울 때)에 어디에 (참고) 서 있는

지이다.

168 운동은 체액을 **발효시키고**,

그것들을 **적절한** 통로로 보낸다,

그것(운동하는 것) 없이는 몸은 **활력**을 얻을 수 없고,

또는 그 영혼은 생기와 함께 행동할 (수) 없다.

166 arrow / can be / many arrows are
167 measure / they stand
168 Exercise / casts / the soul act

우리는 **드물게** 우리가 가진 것(무엇)에 대해 **생각한다**/ 　　　　　　쇼펜
　　　　　　하우어

하지만 우리가 부족한 것(무엇)에 대해 항상 (생각한다).

10개 중에 9개를 가졌어도, 가지지 못한 1만 생각하면 불행하고, 9개를 못 가졌어도, 갖고 있는 1만 생각하면 행복하다. 행복하고 불행한 것은 생각하기에 달렸다. 그런데 사람들은 끊임 없이 주변과 비교하며 자신이 갖지 못한 것만을 생각하기에 주로 불행하다.

---

arrow

One _____ alone _____ 2 _____

easily broken

but _____ 2 _____

indestructible.

---

measure
stand

The **ultimate** _____ of a person

is not where they stand in moments of comfort and

convenience, but where _____

in times of challenge and **controversy**.

---

exercise
cast
soul

_____ **ferment**s the humors,

and _____ them into their **proper** channels,

without which the body cannot subsist in its **vigor**,

nor _____ 2 _____ with cheerfulness.

166

징기스칸

화살 한 개는 쉽게 부러질 수 있다/

그러나 많은 화살은 파괴되지 않는다.

167

마틴
루터 킹 Jr.

한 사람에 대한 **궁극적인** 척도는

그들이 안락하고 **편안한** 순간에 어디에 있는지가 아니다,

그러나 그들이 도전과 **논란**의 때(어려울 때)에 어디에 (참고) 서 있는

지이다.

168

조지프
애디슨

운동은 체액을 발효시키고,

그것들을 **적절한** 통로로 보낸다, 그것(운동하는 것) 없이는

몸은 **활력**을 얻을 수 없고,

또는 그 영혼은 생기와 함께 행동할 (수) 없다.

169

브라이언
트레이시

목표
그 성취의
기술

당신이 더 성공적일 수 있게 돕도록 제가 딱 한 개의 **생각**만 전달한다

면, 당신의 **목표**를 쓰세요,

그것들을 이루기 위한 계획을 만드세요,

그리고 매일 하루하루 당신의 계획을 일(실천)하세요.

170

마하트마
간디

행복은 당신이 생각하는 것과,

(행복은) 당신이 말하는 것,

그리고 (행복은) 당신이 하는 것이 **조화**를 이룰 때이다.

166 One arrow / can be / broken / many arrows are indestructible
167 measure / is / where they stand
168 Exercise ferments / casts them / the soul act

arrow
broken
indestructible

_____ 2 _____ alone 2 _____

easily _____

but 2 _____

_____ .

---

measure
stand

The **ultimate** _____ of a person

_____ not where they stand in moments of comfort

and **convenience**, but _____ _____

_____ in times of challenge and **controversy**.

---

ferment
exercise
cast

_____ _____ the humors,

and _____ into their **proper** channels,

without which the body cannot subsist in its **vigor**,

nor 2 _____ with cheerfulness.

---

write
work

I could only convey one **thought** that would help you to be

more successful, " _____ down your **goals**,

_____ plans to achieve them,

and _____ on your plans every single day."

---

say

Happiness is when what _____ ,

what _____ _____ ,

and what _____ _____ are in **harmony**.

 **비교급**

 Everything will **cost** twice as much
누가   한다
and take three times longer than you anticipated.
한다   무엇을

than은 '~보다'를 의미하고, **형용사+er**은 '~보다 더'를 의미한다.

than을 and처럼 여기고, **형용사+er**이 꾸미는 단어와 than 뒤의 단어를 비교한다.

than 비교 대상

171

엘빈
토플러

생존에 대한 첫 번째 규칙은 분명하다:

어떤 것도 어제의 성공보다 더 위험한 것은 없다.

172

닥터 수스

당신은 **잠들지** 못할 때 사랑에 빠진 것을 알 수 있다/

마침내 현실이 당신의 꿈들보다 더 낫기 때문에.

173

랜디 코마사
승려와
수수께끼

사람들이 대단해지려면, 불가능한 것을 **달성하려면**,

그들은 금전적인 보상보다 영감(감동)이 더 필요하다.

171 yesterday's success
172 your dreams
173 financial incentive

anticipate 기대하다   better 더 좋은/좋게   cost 값이 나가다   dream 꿈
æn'tɪsɪpeɪt 기대하다   'betər   kɒst   driːm
expect 기대하다   financial 금융의   incentive 보상, 장려책
ɪk'spekt   faɪ'nænʃəl   ɪn'sentɪv
invest 투자하다   success 성공   three times 세 배   twice 두 배
ɪn'vest   sək'ses   θriː taɪmz   twaɪs
yesterday 어제
'jestərdeɪ

모든 것은 두 배만큼 **비용이** 많이 **들** 것이다   브라이언
트레이시

그리고 당신이 기대했던 것보다 세 배만큼 (시간이) 더 걸릴 것이다.   괜찮아,
방황해도.

이 명언은 '처음하는 일'에 드는 비용과 시간을 말한다. 예를 들어, 책을 만들어 본 적이 없는 사람이 책을 만든다고 가정해보자. 예상했던 제작 비용이 300만원이고, 집필 기간이 3개월이라면, 실제로는 제작 비용이 600만원이 들고, 집필은 9개월이 걸린다.

The first rule of **survival** is clear:

yesterday
success

Nothing is more dangerous

than _____ 2 _____ .

You know you're in love when you can't **fall asleep**

dream

because reality is finally better

than _____ 2 _____ .

For people to be great, to **accomplish** the impossible,

financial
incentive

they need inspiration more

than _____ 2 _____ .

than 비교 대상

171

엘빈
토플러

생존에 대한 첫 번째 규칙은 분명하다:

어떤 것도 어제의 성공보다 더 위험한 것은 없다.

172

닥터 수스

당신은 **잠들지** 못할 때 사랑에 빠진 것을 알 수 있다/

마침내 현실이 당신의 꿈들보다 더 낫기 때문에.

173

랜디 코마사

승려와
수수께끼

사람들이 대단해지려면, 불가능한 것을 **달성하려면**,

그들은 금전적인 보상보다 영감(감동)이 더 필요하다.

174

세스 고딘

보랏빛
소가 온다

천만 달러(100억)로 10개의 상품을 출시 하는 것은

TV(광고)에 일억 달러(1000억)을 투자하는 것보다 **더 현명하다**

딱 한 상품을 **출시하기** 위해.

175

데일
카네기

자기관리론

많은 사람들이 저 사람들을 비난하는 것으로부터 미개한 **만족감**을 얻

는다/ 저 사람들은

그들(많은 사람들)보다 교육을 더 잘(좋게) 받았거나 더 성공적이다.

156   **171** Nothing / than yesterday's success
      172 reality / than your dreams
      173 they need inspiration / than financial incentive

The first rule of **survival** is clear:

_____ is more dangerous

than _____3_____.

yesterday
success

You know you're in love when you can't **fall asleep**

because _____ is finally better

than your _____3_____.

dream

For people to be great, to **accomplish** the impossible,

_____ _____ more

than _____3_____.

financial
incentive

_____ ten products for $10 million each is

a lot **smarter** than _____ $100 million in TV

to **launch** just one product.

invest
launch

Many people get a sense of savage **satisfaction** out of

denouncing _____2_____

_____ educated _____2_____

are or more successful.

better
those
who

전체듣기

느리게

174 Launching / investing
175 those who are better / than they

157

 I'm **as proud** of what we don't do
무엇을   누가   한다
as I am of what we do.
무엇을   누가 한다

as~as는 두 개의 정도가 **비슷하다는 뜻**으로, as~as 사이에 형용사나 부사만 들어가면,
as~as를 and처럼 보고 앞뒤를 비교한다. as~as 사이에 형용사나 부사 외에 다른 단어가
들어가면 as 각각의 뒤에 비교하는 것을 넣는다.

as 형용사/부사 as 비교 대상

176 돈은 사랑의 **힘줄**이자

토머스   전쟁의 (힘줄).
풀러

177 (과하게) **넘어서는** 것은

공자   모자란 것만큼 잘못됐다.

178 나이든 소년들(남자 어른들)은 그들의 **장난감**들을 가진다/

벤자민   어린 소년들(이 갖는것)처럼;
프랭클린
            오직 **가격**에서만 차이가 있다.

176 Money is / war
       177 wrong
       178 have their / young

as ~로서, ~만큼
æz
go beyond 넘어서다
goʊ bɪˈɒnd
proud 자랑스러운
praʊd
wrong 잘못된
rɒŋ

boy 소년
bɔɪ
influenced 영향받은
ˈɪnfluənst
read 읽다
riːd

do 한다
duː
latter 나중의 (것)
ˈlætər
war 전쟁
wɔːr

fall short 모자라다
fɔːl ʃɔːrt
money 돈
ˈmʌni
write 쓰다
raɪt

나는 우리가 (성공)하지 않는 것 만큼 **자랑스럽**다
우리가 (성공)하는 것 만큼이나.

스티브
잡스

결과 지향적으로 생각하면 오래 지속하기 어렵다. 기대하던 결과가 나오지 않았을 때 의욕을 많이 잃기 때문이다. 하지만 실패에도 그 과정에서 쏟은 땀은 의미가 있고, 그 결과로 얻은 깨달음 덕분에 이후에 성공할 수 있기에 실패도 나름의 의미가 있다.

---

money
war

_____ the **sinew** of love

as well as _____ .

---

wrong

To **go beyond** is

as _____ as fall short.

---

young

Old boys _____ **plaything**s

as well as _____ ones;

the difference is only in the **price**.

as 형용사/부사 as 비교 대상

176 돈은 사랑의 **힘줄**이자

토머스 풀러

전쟁의 (힘줄).

---

177 (과하게) 넘어서는 것은

공자

모자란 것만큼 잘못됐다.

---

178 나이든 소년들(남자 어른들)은 그들의 장난감들을 가진다/

벤자민 프랭클린

어린 소년들(이 갖는것)처럼;

오직 **가격**에서만 차이가 있다.

---

179 당신이 읽는 책에 당신이 가진 **친구들**만큼이나 조심해라;

팩스튼 후드

당신의 성격과 **습관**은 이전(에 말한) 것(책)은

나중 것(친구)에 의한 것만큼 많이 영향 받을 것이다.

---

180 쓰는 것에 의해 배워라

액톤 경

읽는 것에 의해 (배우는)만큼.

176 Money is / love / as well as war
177 To go beyond is as wrong as
178 Old boys have their playthings as well as young

the **sinew** of

money
war
well
_____ 4 _____ .

_____ 3 _____

go beyond
wrong
_____ 3 _____ fall short.

_____ 2 _____

boy
plaything
well
_____ 2 _____

_____ 4 _____ ones;

the difference is only in the **price**.

Be as careful of the books you read,

latter
influenced
as of the **company** you keep; for your **habit**s and character

_____ 2 _____ as much

by the former as _____ 3 _____ .

Learn as much _____ 2 _____

write
read
by
as _____ 2 _____ .

will be / influenced / by the latter
180 by writing / by reading

161

전체듣기

느리게

 **37** **not A, but B 1**

 Try **not** to become a man of **success**
한다   무엇을
but rather to become a man of value.
                          무엇을

not A but B는 **A가 아니라 B**라는 표현으로, B를 강조하기 위해 쓴다.
A와 B 각각의 품사와 문장구조는 같아야 한다. 이 단원에서는 단순한 구조의 not A but B
를 보고, 다음 단원에서 다양한 구조의 문장을 본다.

not A but B

181

랄프 로렌

그것(내가 파는 것)은 천(옷)에 관한 것이 아니다,

(그러나) 그것은 꿈들에 관한 것이다.

182

보도 섀퍼

보도
섀퍼의 돈

우리의 첫 번째 질문은

'왜?'가 아니라 '어떻게?'여야만 한다.

'어떻게?'는 해답을 찾는다, 반면에 '왜?'는 **변명**을 찾는다.

우리는 우리가 **추구하는** 것을 찾게 된다.

183

마틴
루터 킹 Jr.

끝에서

우리는 우리의 **적**의 그 말을 기억하지 않을 것이다,

그러나 우리의 친구들의 그 침묵을 (기억할 것이다).

181 fabric / dreams
182 question / Why? / How?
183 we / remember / words / silence

become 되다 bɪˈkʌm **fabric** 천 ˈfæbrɪk **silence** 침묵 ˈsaɪləns **words** 말 wɜːrdz	**change** 바꾸다 tʃeɪndʒ **man** 사람 mæn **success** 성공 səkˈses	**direction** 방향 daɪˈrekʃən **need** 필요하다 niːd **value** 가치 ˈvæljuː	**dream** 꿈 driːm **question** 질문 ˈkwestʃən **vocabulary** 어휘 vəˈkæbjələri

성공적인 사람이 되려고 하지 말고

그러나 **차라리** 가치 있는 사람이 되려고 해라.

아인
슈타인

식당에서 돈을 앞에 놓으면, 물가가 올랐을 때 좋지 않은 재료를 쓴다. 결국 맛이 없어진 음식 때문에 손님은 떠난다. 이처럼 모든 사업에서, 종종 돈과 그 사업이 지닌 본연의 가치가 충돌한다. 그러나 장기적으로는 그 본연의 가치를 잃지 않는 게 성공하는 방법이다.

---

fabric
dream

It's not about _____,

(but) it's about _____.

---

question

Our first _____ should

not be '_____' but rather '_____'.

'How?' seeks answers, whereas 'Why?' looks for **excuses**.

We find what we **seek**.

---

words
silence

In the end,

_____ will _____

not the _____ of our **enemi**es,

but the _____ of our friends.

 **not A but B**

181

랄프 로렌

그것(내가 파는 것)은 천(옷)에 관한 것이 아니다,

(그러나) 그것은 꿈들에 관한 것이다.

182

보도 섀퍼

보도 섀퍼의 돈

우리의 첫 번째 질문은 '왜?'가 아니라

'어떻게?' 여야만 한다

'어떻게?'는 해답을 찾는다,

반면에 '왜?'는 **변명**을 찾는다. 우리는 우리가 **추구하는** 것을 찾게 된다.

183

마틴
루터 킹 Jr.

끝에서

우리는 우리의 **적**의 그 말을 기억하지 않을 것이다,

그러나 우리의 친구들의 그 침묵을 (기억할 것이다).

184

데일
카네기

자기관리론

잘 쓰는 것은 당신의 생각과

감정을 독자에게 전달하는 것이다 — 저렇게 하려면, 당신이

많은 어휘가 필요한 것이 아니다. 그러나 당신은

생각과, 경험과, 확신과, 사례와 **신나는 느낌**이 필요하다.

185

짐론

당신은 하룻밤 사이에 당신의 **목적지**를 바꿀 수는 없다,

그러나 당신은 하룻밤 사이에 당신의 방향을 바꿀 수는 있다.

181 not / fabric / (but) / dreams
182 Our first question / not be / Why? / How?
183 we will remember not / the words / but / the silence

It's _____ about _____ ,

(_____) it's about _____ .

fabric
dream

_____ 3 _____ should

_____ 2 _____ ' _____ ,'

but rather ' _____ '. 'How?' seeks answers,

whereas 'Why?' looks for **excuses**. We find what we **seek**.

question

In the end,

_____ 2 _____

_____ 2 _____ of our **enemi**es,

_____ 2 _____ of our friends.

words
silence

Good writing is the kind that transfers your thoughts and

emotions to the reader — and to do that, _____

_____ 2 _____ a large _____ , but you do

need ideas, experience, convictions, examples and **excitement**.

need
vocabulary

You cannot change your **destination** overnight,

but _____ 2 _____

_____ 2 _____ overnight.

.change
direction

184 you don't need / vocabulary   165
185 you can change your direction

 # 38 not A, but B 2

 Do **not** pursue what you like,
한다
but like what you are given.
한다

but 바로 뒤의 품사를 보고 앞의 품사를 찾는다.

전치사가 왔으면 앞에서 같은 전치사를 찾고, 동사가 왔으면 앞에서 동사를 찾는다. to+동
사가 왔으면 앞에서 to+동사를 찾는다.

 ## not A but B

186

잘랄 우딘
루미

당신의 **일**은 사랑을 찾는 것이 아니다,

그러나 **단지** 당신 안의 그 모든 장벽들을 추구하고 찾아내는 것이다.

당신이 그것(사랑을 찾는 것)에 반해서 **지은** (장벽을).

187

윌프레드
그렌펠

진정한 **기쁨**은 쉬운 (삶)이나 부자인 (삶)으로 부터 오는 것이 아니다,

사람들의 **칭찬**으로부터 오는 것(도 아니다)

그러나 (그것은) 가치 있는 무엇인가를 하는 것으로부터 (온다).

188

소크라테스

당신의 말과 행동을 칭찬하는데 **충실한** 사람들을 생각하지(소중히 여

기지) 마라;

그러나 당신의 잘못들을 친절하게 꾸짖는 사람들을 (생각하라).

186 seek / the barriers
187 doing something
188 who / reprove your faults

barrier 장벽	compatible 호환이 되는, 화합하는	fault 잘못
'bæriər	kəm'pætəbəl	fɔːlt
given 주어진	mind 생각, 마음	people 사람들
'gɪvən	maɪnd	'piːpəl
pursue 추구하다	reprove 꾸짖다	one 어떤 것 하나
pər'sjuː	rɪ'pruːv	wʌn
	seek 추구하다, 찾다	something 무언가
	siːk	'sʌmθɪŋ

당신이 좋아하는 것을 추구하지 마라,

그러나 당신에게 주어진 것을 좋아해라.

이나모리
가즈오

왜
일하는가

어릴 때 좋아하던 음식과 캐릭터를 커서는 싫어하게 된다. '좋아하는 것'은 변덕쟁이라 끊임없이 변한다. 그래서 좋아하는 것만 추구하면 끊임없이 방황하게 된다. 일단은 주어진 것에 최선을 다하면 그 속에 나름의 가치, 묘미와 매력을 찾을 수 있다.

---

seek
barrier

Your **task** is not to seek for love,

but **merely** to _____ and

find all _____ 2 _____ within yourself

that you have **built** against it.

---

something

Real **joy** comes not from ease or riches or

from the **praise** of men

but from _____ 2 _____ worthwhile.

---

fault
reprove

Think not those **faithful** who praise all your words and

actions;

but those _____ kindly

_____ 2 _____.

not A but B

186

잘랄 우딘
루미

당신의 **일**은 사랑을 찾는 것이 아니다,

그러나 **단지** 당신 안의 그 모든 장벽들을 추구하고 찾아내는 것이다.

당신이 그것(사랑을 찾는 것)에 반해서 **지은** (장벽을).

187

윌프레드
그렌펠

진정한 **기쁨**은 쉬운 (삶)이나 부자인 (삶)으로 부터 오는 것이 아니다,

사람들의 **칭찬**으로부터 오는 것(도 아니다)

그러나 (그것은) 가치 있는 무엇인가를 하는 것으로부터 (온다).

188

소크라테스

당신의 말과 행동을 칭찬하는데 **충실한** 사람들을 생각하지(소중히 여기지) 마라;

그러나 당신의 잘못들을 친절하게 꾸짖는 저 사람들을 (생각하라).

189

톨스토이

행복한 결혼을 만드는데 **중요한** 것은

당신이 얼마나 화합할 수 있는지가 아니라,

그러나 **화합할 수 없는 것들을** 어떻게 잘 다루는 지이다(중요하다).

190✦

마티
뉴마이어

브랜드
반란을
꿈꾸다

가장 큰 **승리자**는 시장에 처음으로 (진출한) 그 상표가 아니다,

그러나 사람들의 생각 안으로 처음으로 (기억되는) 그 어떤 것(상표)이다.

168

186 to seek / all the barriers
187 not / but from doing something
188 not / but those who / reprove your faults

Your **task** is not to seek for love,

but **merely** _____ 2 _____ and

find _____ 3 _____ within

yourself that you have **built** against it.

seek
barrier

Real **joy** comes _____ from ease or riches or

from the **praise** of men

_____ 4 _____ worthwhile.

something

Think _____ those **faithful** who praise all your words

and actions;

_____ 2 _____ kindly _____

_____ 2 _____ .

fault
reprove

What **counts** in making a happy marriage is _____

so much how _____

_____ , _____

you deal with **incompatibility**.

compatible

The biggest **winner** is _____ 2 _____

that's first into the marketplace,

_____ 2 _____

that's first _____ 3 _____ .

people
brand
mind
one

전체듣기

느리게

not only A, but (also) B

 A life **spent** making mistakes is **not only more**
누가
honorable, but more useful than a life spent
어떤   어떤   상태이다
doing nothing.

not only(/merely) A but (also) B 구문은 A뿐만 아니라 B도를 의미하며, B를 더 강조한다.
A와 B의 품사나 문장의 구조는 주로 같다.

not only A, but (also) B

191 **지식**인이라면 할 수 있어야만 한다/

프레드리히   그의 적들을 사랑하는 것**뿐만 아니라**
니체
또한 그의 친구들을 미워하는 것을.

192 한 잘 들어주는 사람은

윌슨   모든 곳에서 인기 있을 뿐 아니라,
미즈너
잠시 후(시간이 흐르면서) 뭔가를 알게 된다.

193 평화는 영혼의 **고요함**에 의해 올 수 있는 마음의 상태이다.

자와할랄   평화는 단지 전쟁의 그 **부재(없음)**가 아니다.
네루
(그러나) 그것은 한 마음의 상태이다.

지속하는 평화는 오직 평화로운 사람들에게만 올 수 있다.

170   **191** to hate his friends
        192 popular
        193 a state of mind

absence 부재	beautiful 아름다운	friend 친구	hate 미워하다
'æbsəns	'bjuːtəfəl	frend	heɪt
honorable 명예로운	listener 듣는 사람	mind 생각, 마음	miss 놓치다
'ɒnərəbəl	'lɪsənər	maɪnd	mɪs
mistake 실수	popular 인기 있는	scenery 장면	sense 느낌
mɪˈsteɪk	'pɒpjələr	'siːnəri	sens
state 상태	truth 진실	useful 유용한	war 전쟁
steɪt	truːθ	'juːsfəl	wɔːr

실수를 만들며 **소비된** 인생은 더욱 명예로울 뿐 아니라, 아무것도 하지 않으면서 삶을 소비한 것보다 더 유용하다.

조지
버나드
쇼

처음부터 완벽하게 할 수 있다면 좋겠지만, 보통은 완벽하려는 생각 때문에 시작도 못한다. 그렇기에 더 좋은 것은 일단 하면서 점점 완벽해지는 것이다. 더 빠르고 재미있게 할 수 있다. 또한, 실수를 통해 배울 수 있기에, 아무것도 하지 않은 사람보다 훨씬 낫다.

---

friend
hate

The man of **knowledge** must be able

not only to love his enemies

but also _____ 4 _____ .

---

popular

A good listener is

not only _____ everywhere,

but **after a while** he gets to know something.

---

state
mind

Peace is a condition of mind brought about by a **serenity** of

soul. Peace is not merely the **absence** of war.

(But) It is also _____ 4 _____ .

Lasting peace can come only to peaceful people.

not only A, but (also) B

191
프레드리히
니체

지식인이라면 할 수 있어야만 한다/

그의 적들을 사랑하는 것**뿐만 아니라**

또한 그의 친구들을 미워하는 것을.

192
윌슨
미즈너

한 잘 들어주는 사람은

모든 곳에서 인기 있을 뿐 아니라,

잠시 후(시간이 흐르면서) 뭔가를 알게 된다.

193
자와할랄
네루

평화는 영혼의 **고요함**에 의해 올 수 있는 마음의 상태이다.

평화는 단지 전쟁의 그 부재(없음)가 아니다.

(그러나) 그것은 한 마음의 상태이다.

지속하는 평화는 오직 평화로운 사람들에게만 올 수 있다.

194
에디 캔터

속도를 줄이고 인생을 즐겨라.

그것은 당신이 너무 빨리 가는 것에 의해 놓치는 그 장면**뿐** 아니라,

당신이 또한 어디를 왜 가고 있는지에 대한 그 느낌을 놓치기(못 보기)

때문이다.

195
마하트마
간디

모든 진실들은,

단지 생각들뿐 아니라,

진실된 얼굴, 진실된 그림이나 음악은,

매우 아름답다.

191 to love his enemies / to hate his friends
192 A good listener is / popular / to know
193 the absence of war / a state of mind

The man of **knowledge** must be able

friend
hate
enemy

not only _____ 4 _____ .

but also _____ 4 _____ .

_____ 3 _____

listener
popular

not only _____ everywhere,

but **after a while** he gets _____ 2 _____ something.

Peace is a condition of mind brought about by a **serenity** of

war
absence
state
mind

soul. Peace is not merely _____ 4 _____ .

(But) It is also _____ 4 _____ .

Lasting peace can come only to peaceful people.

Slow down and enjoy life.

miss
sense
scenery

It's not only _____ 2 _____ you miss by

going too fast, (but) you also _____

_____ 2 _____ of where you are going and why.

All _____ ,

truth
beautiful
idea

not **merely** _____ ,

but truthful faces, truthful pictures or songs,

_____ highly _____ .

the more A, the more B

 The more complaints about the world you have,
무엇을   누가   한다
the more work you have to do,
무엇을 누가   한다
the more easily you can become a great person.
누가   상태이다   어떤

the more+문장은 뒤에 꼭 the more+문장이 나오며, '~할수록 ~한다'는 뜻의 관용구이다.

 ## the more A, the more B

196

마티
뉴마이어

브랜드
반란을
꿈꾸다

큰 도시의 특별한 상점이든 작은 동네의 **보통의** 상점이든

똑같은 **원칙**을 고수해야만 한다:

경쟁이 더 넓을(심할)수록,

그 초점(품목 등)은 더 좁(혀야 한)다.

197

토마스
J. 스탠리

이웃집
백만장자

일반적으로, **성인이 된** 자녀가 더 많은 달러(돈)를 받을수록,

그들이 더 적은 (달러를) **모은다**,

반면에 **더 적은** 돈이 주어진 저 사람들은 더 많은 돈을 모은다.

198

스튜어트
다이아몬드

어떻게
원하는 것을
얻는가

더 **구체적인** 목표일수록,

(그것들은) 더 좋다. "나는 시카고에 가고 **싶어**"가 "나는 일리노이에 가

고 싶어"보다 낫고, "달에 사람을 보내자"가 "우주를 **탐험해**보자"보다

낫다.

196 the narrower the focus (is)
197 the fewer
198 the better

당신이 세상에 더 많은 불만을 가질수록,   마이크 황

당신이 해야 할 일은 더 많고,

당신이 더 쉽게 대단한 사람이 될 수 있다.

어릴적 나는 불만이 많았다. 열심히 해도 되는 일은 없었고, 세상은 가진 사람들만을 위해 존재하는 것 같았다. 가장 큰 불만 중 하나는 '영어'였는데, 그래서 영어 교육에 사명감이 생겼다. 지금껏 15년간 누구보다 더 집요하게 50권 이상 영어 책을 집필하고 출간했다.

---

narrow
focus

A specialty store in a big city and a **general** store in a small

town must adhere to the same **principle**:

the wider the **competition** (is),

_____ 2 _____ _____ 2 _____ (is).

---

few

In general, the more dollars **adult** children receive,

_____ 2 _____ they **accumulate**,

while those who are given **fewer** dollars accumulate more.

---

better

The more **specific** your goals (are),

_____ 2 _____ (they are). "I **would like to** go to

Chicago" is better than "I would like to go to Illinois." "Let's

put a man on the moon" is better than "Let's **explore** space."

the more A, the more B

196

마티 뉴마이어

브랜드 반란을 꿈꾸다

큰 도시의 특별한 상점이든 작은 동네의 **보통의** 상점이든

똑같은 **원칙**을 고수해야만 한다:

그 경쟁이 더 넓을(심할)수록,

그 초점(품목 등)은 더 좁(혀야 한)다.

197

토마스 J. 스탠리

이웃집 백만장자

일반적으로, **성인이 된** 자녀가 더 많은 달러(돈)을 받을수록,

그들이 더 적은 (달러를) **모은다**,

반면에 **더 적은** 돈이 주어진 저 사람들은 더 많은 돈을 모은다.

198

스튜어트 다이아몬드

어떻게 원하는 것을 얻는가

더 구체적인 목표일수록, (그것들은) 더 좋다.

"나는 시카고에 가고 **싶어**"가 "나는 일리노이에 가고 싶어"보다 낫고

"달에 사람을 보내자"가 "우주를 **탐험해**보자"보다 낫다.

199

민승규

당신이 더 많은 지식을 가질수록,

당신은 더 모르게 된다,

그리고 당신은 더 호기심이 많게 된다.

그리고 **호기심**은 창의성으로 이끈다.

200

존 맥스웰

사람은 무엇으로 성장하는가

당신이 지금 해야 할 뭔가를 더 오래 (하지 않고) 기다릴수록,

더욱 더 당신이 그것을 실제로 할 **확률은 낮아진다**.

---

196 the wider the competition / the narrower the focus (is)
197 the more dollars / the fewer
198 The more specific / the better

A specialty store in a big city and a **general** store in a small town must adhere to the same **principle**:

wide
competition
narrow
focus

_____ 2 _____ _____ 2 _____ (is),

_____ 2 _____ _____ 2 _____ (is).

---

dollar
few

In general, _____ 3 _____ **adult** children receive,

_____ 2 _____ they **accumulate**,

while those who are given **fewer** dollars accumulate more.

---

specific
good

_____ 3 _____ your goals (are),

_____ 2 _____ (they are). "I **would like to** go to Chicago" is better than "I would like to go to Illinois." "Let's put a man on the moon" is better than "Let's **explore** space."

---

knowledge
curious
become

_____ 3 _____ you have,

the more you don't know,

and _____ 3 _____ .

And **curiosity** leads to creativity.

---

long

_____ 2 _____ to do something you should do now,

the greater the **odds** that you will never actually do it.

전체듣기

느리게

부록 단어로 명언 단원 찾기

부록 수준별 마이클리시 책 소개

수준 **입문** 영어를 읽기 어려운 수준	초급 초등학생 ~ 중학생 수준

말하기 · 쓰기

아빠표 영어 구구단
영상 강의 포함

단단 기초
영어공부 혼자하기
영상 강의 포함

6시간에 끝내는
생활영어 회화천사
<5형식/준동사>
음성 강의 포함

6시간에 끝내는
생활영어 회화천사
<전치사/접속사/
조동사/의문문>
음성 강의 포함

8문장으로 끝내는
유럽여행 영어회화
음성 강의 포함

단어
시리즈

2025 출간 예정

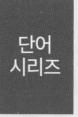

유레카 팝송
영어회화 200
영상 강의 포함

읽기

TOP10 영어공부
음성 강의 포함

2시간에 끝내는
한글영어 발음천사
영상 강의 포함
음성 강의 포함

원서
시리즈2

2025 출간 예정

중학영어 독해비급
영상 강의 포함

챗GPT 영어명언
필사 200

스스로 끝까지 볼 수 있는 **기존에 없던 최고의 책**만을 만듭니다.
수준에 맞는 책을 선택하시면 절대 후회하지 않으실 것입니다.
자세한 책 소개는 〈영어 공부법 MBTI (1000원)〉를 참고하세요.

소개영상, 구매

중급 중학생 ~ 고등학생 수준　　고급 대학생 ~ 영어 전공자 수준

4시간에 끝내는
영화영작
〈기본패턴〉

4시간에 끝내는
영화영작
〈응용패턴〉

4시간에 끝내는
영화영작
〈완성패턴〉

모든 책에 책의 본문 전체를 읽어주는
'원어민MP3'를 담았기에,
말하기/듣기 훈련이 가능합니다.
대부분의 책에 '무료음성강의'나
'무료 영상 강의'를 포함하기에,
혼자서도 익힐 수 있습니다.
한 번에 여러 권을 사지 마시고,
한 권을 반복해서 2번~5번 익힌 뒤에,
다음 책을 사는 것을 추천합니다.

신호등
영작 200
풀이 영상 포함

이상한 나라의 앨리스
영화 영어공부
공부법 영상 강의 포함

30분에 끝내는
영어 필기체

TOP10 연설문
음성강의 포함

원서
시리즈1

2025 출간 예정

잠언 영어성경

고등영어 독해비급
영상 강의 포함

수능영어 독해비급

토익파트7 독해비급

TOP10
영한대역 단편소설

제 인생과 사업을 이끌어 주시는 **여호와**께, **예수**께 감사드립니다.
그러므로 하나님의 능하신 손 아래에서 겸손하라 때가 되면 너희를 높이시리라.
너희 염려를 다 주께 맡기라 이는 그가 너희를 돌보심이라. - 베드로전서 5:6-7

본문의 단어와 문장을 녹음해 주신 Daniel Neiman께 감사드립니다.

영어와 디자인을 가르쳐 주신 선생님들(강수정, 권순택, 김경환, 김태형, 문영미, 박태현, 안광욱, 안지미)께 감사드립니다.
책을 제작해주신 재영P&B 윤상영 대표님께 감사드립니다.
책을 보관/배송해주시는 런닝북 윤한식(01052409885) 대표님께 감사드립니다.

이 책을 소개·판매해 주시는 교보문고(천은정, 한유민), 랭스토어(김선희), 북센(송희수), 북채널(김동규), 북파트(홍정일), 세원출판유통(강석도), 알라딘(김채희), 영풍문고(이명순, 이슬), 한성서적(문재강), YES24(원소영), 오프라인의 모든 MD분들께 감사드립니다.

판매에 도움을 주시는 유튜브 관계자분들, 네이버 카페, 블로그, 사전 관계자분들, 블로거분들, 잡지사 관계자분들, 신문사 관계자분들, 팟빵 관계자분들께 감사드립니다.

마이클리시 책을 구매해주시고, 응원해 주시는 **독자분들**께 진심으로 감사드립니다.
즐겁게 영어 공부하실 수 있도록 열심히 집필하고 무료 강의 올리겠습니다.
궁금하신 점은 010-4718-1329, iminia@naver.com 으로 연락 주세요.

신호등 영작 200

1판 1쇄   2024년 12월 14일

지은이   Mike Hwang

발행처   Miklish
전화   010-4718-1329
홈페이지   miklish.com
e-mail   iminia@naver.com
ISBN   979-11-87158-71-4

영어 습관 만들기 이벤트!

bit.ly/4hk62hr

매일 아침 영어 카톡

문법 주제별(매월 변경) 영어명언+해석/해설을 매일 무료로 드립니다. 독해 실력 향상 및 영어 감을 유지할 수 있습니다. 또한, 영어에 대해 궁금한 점은 실시간 질문/답변이 가능합니다. 어서 들어오세요!

bit.ly/4866xku

원하는 도서 1권 증정

마이클리시 책으로 익히는 모습을 하루 1회씩 10회 이상 올리시면 원하시는 마이클리시 책을 드립니다. 단, 배송비 절약문고는 불가능하며, 1인당 1회만 가능합니다. 자세한 사항은 QR코드로 접속하세요.